中公新書 2694

津[illegible]之著

日本アニメ史

手塚治虫、宮崎駿、庵野秀明、新海誠らの100年

中央公論新社刊

はじめに

日本で初めての国産アニメーションが制作されてから、一〇〇余年になる。それから紆余曲折を経て、現在アニメは日本を代表する大衆文化の一つになり、国際的にも注目されるようになった。

テレビアニメ『鉄腕アトム』の放送開始からも六〇年近くが経ち、日本のほとんどの世代が、その人生のどこかでアニメに触れ、子ども時代の思い出の断片となり、ときには精神的な支えとなることさえあっただろう。

実際、アニメは大衆文化であるがゆえに、制作されたその時代の空気を色濃く反映している。読売巨人軍のV9時代には野球が主題のアニメが数多く制作され、『アトム』や『ガンダム』があったからこそ、日本は世界有数のロボット開発国になったとも言われる。

『もののけ姫』や『千と千尋の神隠し』など一連の宮崎駿《みやざきはやお》監督作品や、『新世紀エヴァンゲリオン』、『君の名は。』といった作品は、それ自体が一つの文化を形成し、社会現象をも巻き起こした。

そして、近年では諸外国の若者が日本に興味をもち、日本語を学ぶきっかけの大半はアニメや漫画の影響だとされている。彼らは、ラーメン、たこ焼き、オムライスなどをアニメで知り、「本場」のそれらを味わうために日本へ来ている。

その一方で、アニメにはどうしてもマニアックなイメージがつきまとい、多くの一般の社会人にとっては、子ども時代の共通体験としてのアニメならともかく、いまとなっては取っ付きにくい印象があるのも確かである。

本書は、以上のような流れと現状を受けて、日本のアニメの歴史を大観するものである。まず、アニメ誕生直前から現在まで、序章と終章を含む全一二章の年代区分を行った。そしてその区分ごとに、象徴的な年をピックアップして、その年代を代表する作品や作家、社会や大衆文化との関係性を解説した。

全般的に、アニメ制作の技術的専門的な内容は必要最小限にとどめ、また歴史認識や解釈に関する諸説は極力排して、込み入った議論は回避した。その一方で、アニメに対する新しい視点や価値観を提供できるようなトピックを選び、また最新の研究・知見を適宜紹介して、一般読者だけではなく専門家にも供することができる内容となるよう配慮した。

約一〇〇年間で生み出されたアニメは膨大で、本書で取り上げられるのはそのごく一部に過ぎず、読者一人ひとりにとっての大切な作品が漏れ落ちているであろうことは想像できる。それに対する疑問や批判は、率直にお受けしたい。

筆者はいまから一八年前に出版した『日本アニメーションの力』（NTT出版、二〇〇四年）

で、日本アニメ史を解説した。それから今日まで、作品事典のような形式でのアニメ史文献や、特定の年代、作品群にスポットライトをあてた文献は数多く出版されてきた。しかし、大正期から戦時を経て現在に至るアニメ通史は、拙著以来一八年ぶりである。

一人の研究者がアニメ通史を書く困難さは、前回と比べて何倍にも増幅したが、それはこの二〇年近く、アニメがますます成長し、アニメを取り巻く事情が複雑化してきたからにほかならない。

本書が、その複雑さを紐解きつつ、なぜアニメが日本を代表する大衆文化になったのか、その理由を歴史に求めるための一助になれば、これに勝る喜びはない。

目次

第6章 1979年 空前のアニメブーム

DTP　市川真樹子

日本アニメ史

凡例

一、引用史料については、原則として旧漢字は新字、旧カナ遣いは現代カナ遣いに改めた。ただし、人名については、この限りではない。

一、人物については、初出時に現在もっとも広く用いられている名前を表記し、必要に応じて本名や筆名を（）内に付記した。時期・作品によって筆名が異なる人物については、言及する作品によって表記を変えている。

一、巻末の索引は、初出時の表記に従っている。

序章

1906年
アニメーションとは何か

写し絵
江戸時代後期にオランダから輸入された幻燈器を改良し、
スクリーンに動く絵が映し出される芸能として
一世を風靡した。
出典『幻燈の世紀』（岩本憲児、森話社、2002）

1 「アニメ」と「アニメーション」

アニメーションとアニメの使い分け

本書のテーマは「アニメ」史である。アニメは「アニメーション」の略語であるが、アニメとアニメーションとは違う意味をもつ語として、使い分けられることがある。

アニメーションは英語の animation をカタカナ表記した日本語で、その中でもアニメは日本で、商品として制作されている作品群を示す、という使い分けである。

技術としてのアニメーションとは、絵や人形など動かない素材を少しずつ変化させながらコマ撮りし、それを映写することで、動かないものが動いて見える仕組みである。デジタル技術が普及した現在、フィルムとカメラを使ったコマ撮りではなくなったが、さまざまなソフトウェアを使ってコマ単位で映像を管理する考え方は同じである。

アニメーションはフランスやアメリカなどで初期の技術が確立され、その後世界中に広がったが、主に子ども向けの娯楽として発達した。

そのアニメーションの中でも、日本でテレビ放送用など商業的に制作された作品群から、子ども向けとは言い難い複雑なストーリー、感情移入できるキャラクター、シャープでケレン味のある絵の動きなど、独自の様式が発達した。日本のこうした作品群を「アニメ」として、アニメーションの中でも特殊な一分野とされるようになった。

アニメとは何か

日本語で「アニメーション」が使われるようになったのは戦後である。それまでは、漫画、漫画映画、動画、線画などと言われ、稀ながらアニメイションなどとカタカナ表記されたが、animationの和訳語としては「漫画」が一番ポピュラーだった。しかし、これだと紙媒体の漫画（マンガ、まんが）と区別がつかない。

もっとも、かつて我々は、アニメーションと紙媒体の漫画とは、あまり区別していなかった。テレビアニメは「テレビまんが」と呼ばれていたし、子どもの頃にテレビアニメを見ていると、親から「まんがばかり見てないで勉強しなさい」と怒られた記憶をお持ちの方もおられよう。

「アニメ」が映画雑誌で使われはじめたのは一九六〇年代初期、新聞など一般的なメディアで使われるようになったのは一九七〇年代である。これらはいずれも、アニメーションの略語としての用法だった。

ところが、アニメーションの中には、社会風刺や美術性を重視した、芸術の立場で制作される作品が少なくない。あまり知られることはなかったが、手塚治虫《てづかおさむ》も『鉄腕アトム』や『ジャングル大帝』などのテレビアニメを作りながら、そうした芸術的な短編アニメーションを数多く発表していた。

また、日本の商業アニメは、世界のアニメーションの中でも別物として区別したほうがよいのではないかという考え方は、国内でも八〇年代頃から出てくるようになった。

そして一九九〇年代以降、英語やフランス語で「anime」という語が現れた。これは日本製アニメを意味する「外来語」で、諸外国でも日本製アニメを特殊なものと認識していた。

我々は、日常ではアニメーションという正確ではあるがまだるっこしい語はあまり使わない。しかし、たまに映画館でディズニー映画に接し、衛星チャンネルで欧米の古い作品などを見ると、日本のものとは何かが違うと感じるだろう。この「何か」を考えるためには、歴史をたどる必要がある。

2 アニメーション前史

動いて見えるための技術

動かない素材を動いているように見せるアニメーションのルーツを探るために、アニメーションの原理を煎じ詰めれば、わかりやすい例がある。パラパラ漫画である。

子どもの頃に、教科書やノートの隅に絵を描きパラパラやって、絵が動くさまを楽しんだ思い出を持つ方も多いだろう。これがアニメーションの原理そのもので、一枚絵としては動かないはずの絵が動いて見える不思議さが、完全に実現されている。それをコマ単位（フィルムなら二四コマで一秒）で管理するとか、メディア（フィルム、ビデオなど）に記録するとか、映写・放送によって公開するとかは、テクノロジーの発達によって後づけされたものに過ぎない。

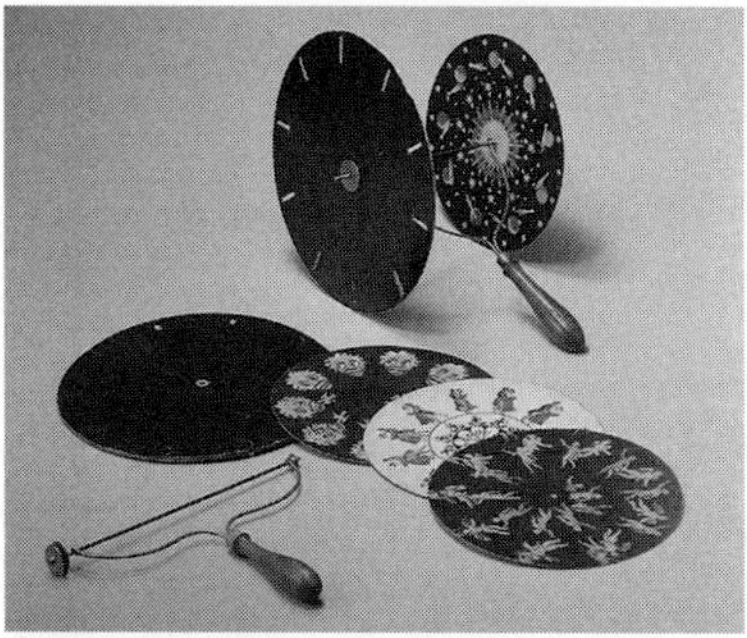

フェナキスティスコープ
出典「映像工夫館展　テーマ2 アニメーション」（東京都写真美術館、1995）

パラパラ漫画がいつごろ発明されたのかははっきりしない。一九世紀半ばには記録に現れるが、もっと古い時代から個人的な遊戯として楽しまれていたと考えられる。一九世紀は、動かない絵を動かして見せる、さまざまな装置が考案された時代でもあった。

代表的なものは、「驚き盤」とよばれるフェナキスティスコープで、これは円盤状の紙の片面の円周に沿って少しずつ異なる絵を描き、絵と絵の間にスリット状の窓を開けて、絵を描いた面を鏡に向け、円盤を回転させな

ゾートロープ
出典「映像工夫館展　テーマ2 アニメーション」（東京都写真美術館、1995）

がらスリット越しに鏡を覗くと、鏡に映った絵が動いて見える仕組みである。

ゾートロープは、円盤ではなく円筒にスリットを開け、円筒の内側に少しずつ異なる絵を描き、円筒を回転させながらスリットを覗くと内側に描かれた絵が動いて見える仕組みである。

こうした装置は映像玩具とよばれ、アニメーションの原理とされるが、主に一九世紀のヨーロッパで、物理学者らによって考案された。したがって、アニメーション前史に位置づけられるが、作家の創作ではなく、物体の運動や人間の視覚認知機能などの研究成果として、科学者の手によって誕生したものだった。

一方日本では、一八世紀にオランダから幻燈が輸入され、これを発展させて「写し絵」（章扉参照）という映像芸能が誕生した。幻燈は光源付きの箱（幻燈器）へガラス板に描かれた絵を組み込んでスクリーンに映し出す、今日のスライドショーに相当する装置で、静止画が投影されるだけだった。しかし写し絵は、操作者が幻燈器を手で持って移動し、スクリーン上で絵が動くよう工夫されていた。

映画の誕生

一八九二年一〇月、映像玩具の研究を行っていたフランスのE・レイノーは、細長い柔軟なフィルムに少しずつ異なる絵を描き、それを光でスクリーンに投影する「テアトル・オプティク（光の劇場）」を公開した。フィルムには送り穴（パーフォレーション）が付けられ、それを映写して絵の動きを表現したところから、今日のアニメーションに限りなく近い。

ついで一八九五年、同じくフランスのリュミエール兄弟は、カメラを使って撮影された映像を記録したフィルムをスクリーンに映写するシネマトグラフ（映画術）を考案した。内容は、工場から出てくる人々を撮影した短い記録映画だったが、同年一二月に一般の観客へ向けて公開された。これが、今日の映画の原型である。

人の手で描かれた絵を動かして見せたレイノーと、実写の記録映画を制作し公開したリュミエール兄弟、このあたりが映画、そしてアニメーションの原型である。では、映画とアニメーションとを分けたものは何だったのか。

テアトル・オプティクは、絵が記録されたフィルムの形状や上映スタイルが後のアニメーションとは異なる。また、カメラによる撮影、フィルムの現像を経ていない。リュミエール兄弟が公開したシネマトグラフは実写映画であり、動かないものを動かして見せているわけではない。

加えて、リュミエール兄弟の活躍時期に、フィルムに直接絵を描いたり、合羽版《かっぱばん》という版画技術でフィルムに絵を定着させたりしたものを使ってアニメーションに似た装置が考案されていた。

これらそれぞれに「世界初のアニメーション」の称号を与える研究者はいるが、決定打にはなっていない。何より、カメラでコマ撮りする手順を、いずれの技術でも使っていない。コマ撮りがなければ、原始的なパラパラ漫画と、あまり変わりがないのである。

アニメーションの誕生

一九〇六年四月、アメリカのJ・S・ブラックトンは、黒板に少しずつ絵を描き、それをカメラでコマ撮りして、黒板上でひとりでに絵が動く三分の作品『ゆかいな百面相』を公開した。本作は現存しており、それを見ると、黒板への描画に加えて、キャラクターの手足などを（おそらく）紙に描いて切り抜いた素材をコマ撮りしていることがわかる。

ブラックトンは「ライトニング・スケッチ」という、舞台上で黒板に即興で絵を描く舞台ショーの経験があり、それを応用する形で制作した。

次いで一九〇八年八月、フランスのE・コールは、紙に絵を描いてコマ撮りした作品『ファンタスマゴリー』を公開した。これは黒地の画面に白い描線で描かれた男の子や動物が自在に動く内容で、今日我々がイメージするアニメーションと完全に一致する。ちなみにコールの本業は、風刺画家だった。

画家が絵を描き、それをコマ撮りによってフィルムに記録して上映する、動かないものが動いて見えるアニメーションは、この両作品で実現された。

両作品の違いは、黒板上に即興的に描かれた絵を動かしたか、紙に計画的に描かれた絵を動かしたかであるが、どちらも動かない素材をコマ撮りによって動かしており、アニメーションと呼んで差し支えない。

ブラックトンが『ゆかいな百面相』を発表した一九〇六年は、アニメーション誕生の時を象徴する年になった。

3　海外アニメーションの国内上映

日本画家も注目

こうして誕生したアニメーションは、公開された諸地域で人気を獲得した。『ファンタスマゴリー』を発表したコールのもとへは注文が殺到し、同じキャラクターを使った『ファントーシュ』というシリーズ作品に発展した。

注目すべきは、これらのアニメーションが日本でいつ紹介されたかである。

リュミエール兄弟によるシネマトグラフは一八九七（明治三〇）年一月に京都で公開されたが、その前年にはエジソン式による映画が神戸で公開されており、これが日本における映画初公開とされている。

また、日本人の制作による映画は一八九九（明治三二）年七月二〇日、東京の歌舞伎座で公開された『浅草仲見世』などの今日でいう記録映画が最初である。

一方、海外で制作されたアニメーションの国内初公開時期とその作品名は、特定できていない。有力な説は、一九〇七（明治四〇）年八月二日に公開された『奇妙なるボールト（不思議のボールド）』というタイトルの作品で、これはブラックトンの『ゆかいな百面相』ではないかと推測されている。当時国内では、外国製の映画は多数公開されていたが、原題が明記されておらず、また原題の直訳とも思えない勝手気ままな邦題が付けられているため、同定が困難なのである。

一九〇八～一二年にかけて、当時の新聞や雑誌記事などから、海外のアニメーションと考えられる作品が複数公開されているが、原題との照合ができず、日本初公開のアニメーションの特定には至っていない。

これらの記録に現れる作品がアニメーションと推定されるのは、その邦題に「凸坊《でこぼう》」「凸坊新画帖《しんがちょう》」といった特徴的な単語が使われているからである。これは当時、アニメーションの和訳を意味した新語だった。後に国産のアニメーションが制作された際にも「凸坊」がタイトルに入っており、明治末期にそうしたタイトルで公開された海外作品がアニメーションだったのだろうと推測されるわけである。

こうして公開されたアニメーションが、当時の観客にどのように受け入れられたのか。時期は少し進んで一九一六（大正五）年、映画雑誌「活動之世界」に、日本画家の寺崎廣業《てらさきこうぎょう》による次のような論評が掲載された。

> 凸坊新画帖は新らしいものではなく、私が始めて見たのでも、もう五六年の昔になります、（中略）凸坊新画帖は、人も知る、人物でも花鳥でも風景でも印象風の絵がすべて線でできております、この線の面白さが実に何とも言えないもので、線でゆく日本画家のためには、この上なき参考品であります。

「五六年の昔」ということは一九一〇～一一年頃であろう。まさに、国内でアニメーションが公開された最初期にあたる。寺崎はそれ以後も、機会があればアニメーションを見ていたようだ。「線の面白さが実に何とも言えない」というところなど、画業にある者らしい視点であるし、これはアニメーションの表現としての本質を鋭く言い当てている。

そして、国内で映画制作や興行に関わっていた複数の会社が、翌一九一七（大正六）年に、いっせいに国産アニメーションを発表する。それはまさに、試行錯誤の連続だった。

第1章
1917年
3人のパイオニア

北山映画製作所の作画作業風景
初の国産アニメ『猿蟹合戦』（1917年）を作った北山清太郎は、1921年に北山映画製作所を設立した。写真は1922年頃。

1　国産化を促したもの

凸坊会

一九一六（大正五）年七月一五日、東京・有楽町の有楽座で、「凸坊会」という上映会が催された。

有楽座は一九〇八（明治四一）年開場、座敷ではなく椅子席で、オーケストラピットや食堂なども備えた、従来の伝統的な芝居小屋とは異なる日本初の西洋風劇場である。このため、小山内薫《おさないかおる》が主宰した自由劇場など新劇の上演拠点にもなっていた。

当時の日本で、映画の街といえば浅草だった。特に浅草六区には多くの映画館が集まり、日本最初期のアニメーションも、ここで上映された。一方の有楽座は演劇上演場だったが、演目の合間などに映画を上映していたようである。

さて、凸坊会とは何か。読売新聞一九一六年七月一三日付紙面の広告記事には、「お馴染《なじみ》の凸坊画帖にアルコール先生即ちチャップリンの滑稽《こっけい》喜劇数番を加え」「坊ちゃん嬢様は勿論大人にも老人にも抱腹絶倒の愉快極まる喜劇大会で御座います」とある。凸坊、つまりアニメーションを中心として、チャップリンの短編映画も加えた、子ども向けの特集上映会だったのである。

この凸坊会に、一人の男が観覧に来ていた。彼はもともと水彩画家で、若手の画家らを支援する実業家的な活動もしていた。しかし、徐々にそれらの活動が尻すぼみになり、次なる仕事を模索していた。この男が、日本初のアニメーション作家の一人となる北山清太郎《きたやませいたろう》（一八八八〜一九四五）だった。

国産作品の誕生

北山清太郎がアニメーション第一作を発表するのは、凸坊会観覧の翌一九一七（大正六）年五月である。タイトルは『猿蟹合戦（サルとカニの合戦）』、フィルムは現存していないが、同名で知られる昔話を原作にした作品と考えられている。

一九一七年は、日本のアニメ史にとっての初年であると同時に、国産アニメーションが一気に開花した年になった。というのも、北山以外に二人の作家がアニメーションを制作し、しかも三人それぞれ独立に第一作を発表したからである。

まず、時事漫画家として活動していた下川凹天《しもかわおうてん》（一八九二〜一九七三）が、同年一月頃に第

『猿蟹合戦』　出典「活動之世界」1918年10月号

『なまくら刀』

一作を発表した。この作品も現存しておらず、文献上に『凸坊新画帖　芋助猪狩《いもすけしかり》の巻』というタイトルは伝わっているが、映画館での公開は確認されていない。しかし下川は、この年に少なくとも五本のアニメーションを発表している。

次に、やはり漫画家として活動していた幸内純一《こううちじゅんいち》（一八八六〜一九七〇）は、同年六月に『塙凹内名刀《はなわへこないめいとう》之巻《のまき》（なまくら刀）』を発表した。こちらは現存しており、日本のアニメーション最初期の技術を知る貴重な手がかりになっている。幸内はその後昭和初期まで活動し、多くの短編アニメーションを制作した。

そして北山清太郎は同年五月に第一作を発表したから、下川、北山、幸内が一九一七年の六月までに相次いで、それぞれ独立にアニメーションを発表したことになる。この三人には、いずれも日本初のアニメーション作家を名乗る資格があるだろう。

三人が同時期に、当時最先端の技術を駆使するアニメーションを発表したのは偶然だったとしても、そこに至る道筋には、必然的というべき要因があった。

活動写真の流行

海外の映画だけでなく、国産映画も続々と公開されていたのが大正初期である。映画には活動写真の呼び名が与えられた。

国内の映画制作会社は、一九一二（明治四五）年三月には既存の四社が合併して日本活動写真株式会社（日活）が発足するなど、体制を強化した。また、海外映画の輸入に力を入れる会社も設立されるなど、本格的な競争の時代に入っていた。

こうなると、映画会社はより観客の眼をひく作品を確保する必要がある。その戦略の一つとして、動かないものを動かして見せるアニメーションの国産化を目指した映画会社が出てくるのは、自然な流れである。

そして、最も早く第一作を発表したと考えられる下川凹天は、天然色活動写真（天活）という映画会社を拠点に制作したが、天活は日本で初めてカラーフィルム制作に挑んだ会社でもあった。幸内純一が制作拠点にした小林商会は、天活から分離した会社で、主に海外映画の輸入公開に強かった。

下川と幸内は、いずれも映画会社からスカウトされる形で制作に取り組んだと考えられる。

国産アニメーション第一作を目論んだ先進的な映画会社が、制作技術もよくわからないまま、アニメーションに近そうな漫画家をスカウトしたのだろうか。二人の第一作が同時期に重なったのは、アニメーションの国産化が急がれていた時代性が反映されたと考えられる。

一方の北山清太郎は少し違う。彼は偶然に海外アニメーションを見て興味をもち、自分から日活にアニメーション制作を売り込んだからである。北山も元々は水彩画家で、漫画家だった下川や幸内と同じく画業に就いていた点は共通している。未知の技術だったアニメーション制作を大胆にも売り込んだ北山は、どのような人物だったのだろうか。

画家・北山清太郎

一八八八（明治二一）年三月三日、北山清太郎は現在の和歌山《わかやま》市に生まれた。小学校卒業後に大阪へ丁稚《でっち》奉公に出て、一九歳からは三年間衛生兵として兵役に就いている。

北山がいつ画業を目指すようになったのかはわかっていないが、二二歳の頃に美術雑誌「みづゑ」に画家として登場している。

二四歳になった一九一二年には東京へ出て日本洋画協会を設立、美術誌「現代の洋画」を発刊する。この美術誌では、ファン・ゴッホ、モネなどの作品をカラー図版で掲載しながら、国内の若手画家の岸田劉生《きしだりゅうせい》、木村荘八《きむらしょうはち》、竹久夢二《たけひさゆめじ》らを紹介した。さらに、若手画家のために美術展を催し、彼らの活動をバックアップした。これらは、後に岸田劉生を中心に結成される美術団体・草土社《そうどしゃ》につながった。

ただ、北山の事業は長くは続かなかった。「現代の洋画」は第二八巻をもって休刊となり、支援した若手画家もそれぞれ自立して、日本洋画協会を拠点にする必要性が薄れたからである。それに、彼のこの時期の活動全般を見渡す限り、事業としての収益性をあまり見込んでおらず、資金的な行き詰まりもあったと考えられる。

こうした状態にあった一九一六年夏、北山は凸坊会で初めてアニメーションに接し、これを自身の次の仕事と決めたのである。

2　見よう見まねの技術研究

第一作『猿蟹合戦』への道のり

北山清太郎は海外アニメーションを見たときの印象について、「初めて見て初めてビックリした。それから漫画には病みつきになって、漫画があると聞くとその館に駆けつけ」「活動写真のフィルムがどんな型のものか、撮影機がどれ程するものかも知らなかったが、外国物の線画を見つめていると自然にそれ等のカラクリが頭の中に解けてくる。そうだ、自分の仕事が見つかったのだ！」と、アニメーションとの出会いを回想している（『映画教育の基礎知識』全日本活映教育研究会、一九三〇年）。

北山のいう「漫画」「線画」は、どちらもアニメーションのことである。下川凹天や幸内純一も後にアニメーション制作について語っているが、研究過程を詳しく証言しているのは北山だけである。それによれば、「毎日自分の黒い影を障子に映して時計と首っ引きで研究した。色々な動きを時間的に記録することにつとめた。一人で立って見る、走って見る、首を振って見る、手を上げて見る、足を曲げて見る、知らない者が見たら気狂いじみていたことであろう」（同上）。

人間の動き（演技）を分解して、それを時間の長短をもって記録し表現する、これはまったく現代的なアニメーション作画の研究に通じる。それを大正五年に北山が実践したとは、ちょっと出来過ぎた話である。後に回想した北山の、多少のオーバーな語り口かもしれない。

しかし確かなことは、当時の日本にはアニメーションの先生はおらず、また海外から技術が伝えられた形跡もない。そもそも海外、たとえばアメリカでアニメーションの総合的な教本が出版されたのは一九二〇年のことで、これはウォルト・ディズニーが手に取ったことでも知られている。日本で北山らがアニメーションを志したのはその前であるから、彼らは上映されているアニメーションを何度も見て、文字通り見よう見まねの研究をやるしかなかった。その意味で北山は、原始的ではあっても理論的に制作法を追求したといえるのである。

独自研究で手ごたえを摑んだ北山は、翌一九一七年一月、日活を訪問してアニメーション制作を打診する。彼はもともと画家なので、アニメーションの原画を描けたとしても、それを映画にするための撮影や現像、編集などは、やはり映画制作会社に頼らなければならなかった。

ここで北山は、描いた絵をコマ撮りしてアニメーションにするための撮影技術に四苦八苦しながら、なんとか第一作『猿蟹合戦』の完成にこぎつけた。当時の映画雑誌「活動之世界」一九一七年七月号に、浅草のオペラ館で五月二〇日から公開された記録がある。前年に海外アニメーションに刺激を受けてから約一〇ヵ月の成果だが、北山は「自分としては面恥かしいばかりで眺めているのが苦痛であった」などと回想している。海外作品に見慣れた北山には不十分な出来にしか見えなかったのだろう。それでも北山は、以後『桃太郎』『舌切雀』など昔話をアニメ化した作品を発表し続けた。

初期作品の技法

このようにして制作されたアニメーションは、どのような技法だったのだろうか。

三人とも独自研究だったようだが、北山清太郎は技法について回想しており、またわずかに現存する彼の作品から推察すると、初期の数作品は動くキャラクターから動かない背景まで含めて、すべて一枚の紙に描く「ペーパーアニメーション」だった。しかしこれは、キャラクターから背景まですべてを一枚一枚描くため、非常に手間がかかる。そこである時期から、背景画を一枚描いて、その上にキャラクターなど動く対象物の絵を切り抜いて動かす「切り紙アニメーション」に移行した。

三人のうち最後に作品を発表した幸内純一は、第一作『なまくら刀』が現存しており、これを見ると切り紙アニメーションだったことがわかる。

一方、下川凹天作品の撮影を担当した映画カメラマンの柴田《しばた》勝《まさる》によれば、黒板にチョークで少しずつ絵を描き消しながら撮影したという（「映画史研究」第三号、一九七四年）。俗に「黒板アニメーション」と言われる技法である。

つまり、三人のパイオニアたちは、ペーパーアニメーション、切り紙アニメーション、黒板アニメーションの三つの技法を使った。これらはいずれもアメリカやフランスなどでも使われていた。

省略の美

こうした国産アニメーションが、当時の一般の観客にどのように受け入れられていたのか、残念ながらほとんど記録に残っていない。

ただ、北山清太郎らが第一作を発表した一九一七年だけで約二〇本もの国産アニメーションが制作されている。相応の人気があったからこそ、それだけ量産されたとも考えられる。

また、北山が最初に海外アニメーションを見た凸坊会は、子ども向けの上映会として企画されていた。当時はほぼ大人向けの娯楽だった映画の中でも、アニメーションは子どもたちにも浸透していた可能性がある。

そして、アニメーションと日本の古典的絵画との関係性にも着目する必要がある。日本でアニメが発展した要因として、浮世絵や北斎《ほくさい》漫画など近代以前から続く戯画表現の伝統を挙げる意見がある。『火垂るの墓』で知られるアニメ監督・高畑勲《たかはたいさお》は、平安時代に成立した「信貴山《しぎさん》縁起」などの絵巻物に注目した。絵巻物は、同じ画面の中で同じ人物を何度も描き、止まった絵でありながら時間の流れが表現され、ストーリーの変化を追える画法だったからである。

しかし、現代的な技術でスクリーンに動く絵として表現されるアニメーションと、どこまでも止まった絵の絵巻物や北斎漫画などとの違いは、やはり大きい。日本の古典絵画とアニメとの関連性は、むしろ「省略」の概念に共通項を認めるべきである。日本画家の寺崎廣業がアニメーションを「線の面白さが実に何とも言えない」と評したのは、北山らが第一作を発表する前年である。画面の中で空間を大胆にとり、背景も簡素に描きながら、一本の線に生命力を宿らせて、人物や花鳥を鮮やかに表現するような、つまりは省略によって世界の広がりを表現する描画法が、確かに日本にはあった。

そしてこの省略の概念は、後の『鉄腕アトム』以後、日本のアニメが発展し、世界から見て独自性を増していく際にも活かされていくのである。

3　大正期モダニズムとアニメーション

CMや教材への活用

アニメーション国産化は、一九一七年だけで約二〇本、翌一八年も約一五本の作品が公開され、好調なスタートかに思われたが、長くは続かなかった。文献上の記録では一本も確認できない年もあり、次に量産されるのは一九二五（大正一四）年である。

この間も、海外からアニメーションは輸入されていた。アメリカのW・マッケイが制作した『リトル・ニモ』（一九一一年）、『恐竜ガーティ』（一九一四年）など一連の作品は、非常に精緻なペーパーアニメーションで、現在見ても驚くような仕上がりである。

ただ、こうした技術は手間がかかり、結果として採算性も乏しかったと考えられる。したがってアニメーターたちは、効率的に作画する技術を模索した。

作画技術を格段に向上させたセルアニメーション、つまりセルロイドのような合成樹脂製の薄く透明なシートにキャラクターを描くアニメーションがアメリカで開発されたのは一九一四年である。さらに、娯楽としてのアニメーションを大きく拡大させたW・ディズニーが本格的に活動しはじめるのは一九二〇年代半ばである。

ディズニーの登場は、アニメーションの世界的な転換点になったが、その彼が登場する以前で、しかも海外からの情報伝達手段に乏しかった当時、日本のアニメーターは国内で模索するしかなかった。

まず、パイオニアの三人以外にも、アニメーションを手がける作家が登場した。そのうちの一人・木村白山《きむらはくざん》は生没年も明らかではない謎の作家だが、一九二五年に発表した『勤倹貯蓄塩原多助《しおばらたすけ》』は、勤勉に働き、無駄遣いせず貯蓄に励む若者の人生を描く教訓映画ともいうべき内容で、手法はセルではなく切り紙アニメーションだった。

木村の名は、性行為をテーマとする『すゞみ舟』（一九三二年）でもアニメ史に刻まれている。性描写を含むアニメが日本で本格的に制作されるのは一九六〇年代末なので、『すゞみ舟』はその歴史を大きくさかのぼる。

次に、アニメーションで描かれる内容の多様化である。当初は「猿蟹合戦」など昔話や、自身の漫画をアニメ化した娯楽作品だったが、そこに企業の商品宣伝や政府広報など、CM的なアニメーションが加わった。また、理科や算術などの教材として、植物の生長の図解や、数値・グラフをアニメーションで動かして表現した教育用アニメーションも制作されるようになった。

CMアニメーションや教育用アニメーションの分野でも活躍したのが北山清太郎である。彼の『塵も積れば山となる』（一九一七年）は、逓信省による貯金奨励がテーマで、CMアニメーション最初期の作品になった。北山は『気圧と水揚ポンプ』（一九二一年）、『植物生理・生殖の巻』（一九二二年）など、理科教材用のアニメーションも制作している。当時彼は日活から独立して北山映画製作所を設立（一九二一年）し、ここが拠点になっていた。北山映画は、アニメーションを専門的に扱った日本初のスタジオと考えてよい。

やはりパイオニアの一人・幸内純一も独立してスミカズ映画創作社を設立（一九二三年）し、後藤新平《ごとうしんぺい》の伝記的な宣伝用アニメーション『人気の焦点に立てる後藤新平』（一九二四年）を制作した。彼はその後も政治宣伝用のアニメーションを手がけている。

関東大震災

そしてもう一つ、この時期の変化に関係する大きな要因が、一九二三（大正一二）年九月一日に発生した関東大震災である。死者・行方不明者合わせて一〇万人以上を出した震災は、東京・横浜を中心に壊滅的な被害をもたらした。これを機に、日活、松竹など東京地域に撮影所をもっていた映画会社は関西へ移転、特に京都には、その後も続々と映画会社がスタジオを構えた。戦後にかけて、京都が日本映画の中心地となったのは、こうした事情があった。

北山清太郎もスタジオが被災し、関西に拠点を移した。彼は震災以前から大阪毎日新聞（大毎）と縁があり、ＣＭアニメーションを受注していた。

一方、震災によって「更地」になった首都圏も、再編のチャンスである。映画館の新設が相次ぎ、娯楽としての映画があらためて地位を獲得した。大手スタジオが去った後で、新興のスタジオが活躍できる環境にもなった。

横浜シネマ商会（横シネ）は震災直前の一九二三年一月設立、当初はニュース映画などを手がけていたが、震災後、それまで松竹に在籍していた村田安司《むらたやすじ》（一八九六～一九六六）が入社し、アニメーションに参入した。

村田にはアニメーションの経験はなかったが、横シネ入社後に研究し、一九二七（昭和二）年に『猿蟹合戦』『蛸の骨』を発表した。以後、村田は横シネで一九三〇年代にかけて数多くの短編アニメーションを制作した。

大正期モダニズムと広告

三人のパイオニアがアニメーション国産化を実現してから五～六年、それは「絵が動いているだけで面白い」時代だったともいえる。しかしそれに終始すれば、大衆は飽きてくる。

一方、動かないものを動かす技術は、これまでにない新しい表現の可能性を拓くものとして、映画やアニメーション以外の創作分野に刺激を与えた。

当時、いわゆる大正期モダニズム（大正ロマン）が花開いていた時代である。急速な都市化と工業化、それに伴う労働者人口の急増、そこに西欧の新しい文化の流入などが相まって、個人主義、自由主義、そして理想主義が台頭するようになった。

こうした中で、先進的表現だった映画、アニメーションは、広告宣伝の世界から、さらに注目されるようになった。

もともと大正期モダニズムと広告とは、密接な関連がある。壽屋《ことぶきや》（現サントリー）の赤玉ポートワインの広告用ポスターは、洋髪の若い女性がヌードでワイングラスを持ち微笑みかけるデザインで、日本初の女性ヌード広告とも言われる。当時としてはきわめて刺激的なものだった。このポスターが公開されたのは、震災直前の一九二二年で、大正期モダニズムの代表例に挙げられる。中山太陽堂（現クラブコスメチックス）、田口参天堂（現参天製薬）、そして壽屋は、映画でCMを制作したが、いずれも関西拠点の企業である。

関西には、大正期モダニズムと対比させるように「阪神間モダニズム」と称された近代的生活様式が発展を遂げた。これに大きな役割を果たしたのが阪急電鉄などの鉄道会社で、沿線まるごと開発して都市を形成し、そこに新しい文化芸術が流入した。

北山清太郎は、こうした動きにも呼応してCMアニメーションを手がけていたのである。近年、中山太陽堂が一九二〇年前後に制作したと考えられるCMアニメーションが発見され、これは北山によるものと考えられる。彼は、小林商店（現ライオン）が制作した歯科衛生普及用の映画のアニメーション部分も担当した。

現代でも、テレビやインターネットで眼にするCMは、見る人を一瞬で引きつけ、印象に残る映像が求められるため、その表現はしばしば斬新で刺激的である。とりわけアニメーションは、複雑なものを絵でシンプルに、かつ印象的に表現できる。こうした特性は、当時も同じように理解されていたのだろう。モダニズムの一翼を担うような企業は、率先して映画やアニメーションを広告に取り入れた。

国産アニメーション黎明期にモダニズムが渦巻いていたのは、アニメーション発展のために幸運だったといえるかもしれない。

4　ディズニーの台頭による拡大と模索

ミッキーマウスの躍動、『蒸気船ウィリー』

アメリカで初めて商業公開されたアニメーションは、J・R・ブレイが制作した『ヒーザ・ライア大佐　アフリカの巻』（一九一三年）だったとされる。これ以前にもアメリカ製アニメーションは多数あったが、それらは自主的な上映に近かった。

商業公開の実現は、アメリカでアニメーションが商品として定着しはじめたことを意味しており、実際「ヒーザ・ライア大佐」はシリーズ化された。

制作者のブレイはもともと漫画家で、アニメーションに参入後、このシリーズ化に際して革命的な仕事をした。それが、セルアニメーションの発明である。特許取得は一九一四年、実際にセルアニメ第一作を発表したのは、その翌年だった。

アニメーションはそれまですべて手描きか、動く対象物を切り抜いて動かすか、いずれにせよ絵を描くアニメーターの描線を活かす形だった。これらの手法は現在でも使われているが、画家のタッチがハッキリと出るため、複数のアニメーターによる分業がやりにくい。対してセルアニメは、手分けして描かれた原画をセルに転写して色を塗るため、アニメーターごとのクセやタッチの違いが出にくい。これにより、多くのアニメーターによる分業が実現し、シリーズ化による作品の量産、そして規模の大きい作品の制作が可能になった。

こうしたセルアニメの利点を最大限に活かし、発展させたのがW・ディズニーである。アメリカの映画評論家、L・マルティンは「アニメーションというメディアを発明したのではなく、アニメーションというメディアを定義した」のがディズニーだと評した（マルティン『マウス・アンド・マジック』上巻、楽工社、二〇一〇年）。

一九二三年、二二歳のディズニーはハリウッドでスタジオを設立した。彼はそこで制作した『アリス・コメディ』シリーズや『ウサギのオズワルド』シリーズなどで成功するが、配給業者とのトラブルに見舞われ、またスタジオのスタッフ多数が引き抜かれてしまうなど、大きな危機に直面した。

心機一転、アイデアを盗まれないよう極秘のうちにプランを練り、発表したのがミッキーマウスだった。特にミッキー第三作となる『蒸気船ウィリー』（一九二八年）は、世界初の本格的トーキーアニメーションだった。しかも、人間からは好かれないネズミが主人公になり、そのネズミが音楽に合わせて、身の回りのものすべてを映画の流れに取り込んで、縦横無尽に躍動する。

『蒸気船ウィリー』で描かれたものは、実写では絶対に再現不可能である。別な言い方をすると、アニメーションでなければ表現できない。

当時の映画制作者や観客にとってのアニメーションは、あくまで映画の一技法だった。しかし、実写とアニメーションとは別物であり、アニメーションは独自に大きな可能性を秘めていることを、ミッキーは見せつけた。「ディズニーがアニメーションというメディアを定義した」とマルティンが評したのは、こうした意味が込められているのである。

日本の創意工夫

『蒸気船ウィリー』は、アメリカでの公開から二年後、一九三〇年五月に日本でも公開されている。セルによる滑らかな動き、自由奔放なアイデアによる作品群は、国内のアニメ制作者を驚かせ、たちまち手本、というかマネの対象になった。

『ビルマの竪琴』『東京オリンピック』などの劇映画を監督する市川崑《いちかわこん》（一九一五〜二〇〇八）は、一九三三（昭和八）年にアニメーターとして京都のJ.O.スタヂオ（後の東宝）の漫画部に入った。そこで彼は数本の短編アニメを制作したが、その中の一つ『新説カチカチ山』（一九三六年）は、ディズニーの『ミッキーの大演奏会』（一九三五年）の冒頭を、ほとんど引き写した内容だった。著作権には大らかな時代だったからでもあるが、当時のアニメーターにとって、アメリカのアニメーションは最大の手本であり、手習いのごとくそれらのキャラクターを引き写して、デザインや動きの妙技を研究し身につけていった。

こうした中で、国内アニメ制作者には大きな悩みがあった。セルが自由に使えなかったのである。国内ではセルアニメ制作に使えるような透明度が高くて薄い、均質なセルロイドシートが入手困難で、しかも高価だった。

国内でセルが普及していくのは一九三〇年代半ば以降だが、全編セルではなく、従来の切り紙とセルが併用されることはあった。つまり、動くキャラクターは切り紙で、水面に広がる波紋など切り抜くのが難しいものはセルに描く、といった使い分けである。

しかしここに、天才的なアニメーターがいた。それが横浜シネマ商会の村田安司である。彼は一九三六年にかけて、多いときは年八本もの短編アニメーションを発表した。

村田の技法はセルではなく切り紙アニメーションだが、現存する『お猿の大漁』(一九三三年)、『月の宮の王女様』(一九三四年)などでは、セル使用を思わせるほどの緻密な動きで、切り紙には到底見えない。村田のスタジオで作業を手伝った岡本昌雄《おかもとまさお》の回想(「映画テレビ技術」一九九二年一月号)によると、下から電球で照らしたスリガラスの上にケント紙を置き、速乾性の製図インクでキャラクターを描く。次に別のケント紙をその上に置いて、少しずつ(キャラクターの)ポーズが異なる絵を描いていき、描き終わったキャラクターは一体ずつハサミで切り抜く。こうしてできた何体もの切り抜き画を取り替えながら撮影し、アニメーションにしたという。

言うは簡単だが、キャラクターの動きを細かく分解して描き、それを丁寧に切り抜かなければならないのと、切り抜き画を取り替えつつ撮影する際には注意深く進めないとキャラクターの動きがガタついてしまう。しかし、村田の作品はセル使用と見誤るほどに、滑らかな動きを実現している。

当時の日本のアニメーターはセルが自由に使えなかった。ならば、旧来の技法を追求して、セルに負けないほどの質を目指す。そして切り紙では動きの表現に制約はあるが、その制約の範囲内で面白いものを作ればよい。海外に比べると日本は後進的ではあったが、制約の中で創意工夫していたのである。

5　前衛の萌芽

大藤信郎の独創

初期のアニメーション発展と大正期モダニズムとの関わりはすでに述べた。一九三〇年代になると、前衛的なアニメーション作家が何人か登場する。

大藤信郎《おおふじのぶろう》（一九〇〇〜六一）が第一作『馬具田城《ばぐだじょう》の盗賊』（一九二六年）で用いた技法は、日本伝統の千代紙を切り抜いてキャラクターや背景画をデザインした切り紙アニメーションだった。大藤は自身の工房を千代紙映画社と称し、千代紙は大藤の代名詞といえる素材になった。

また大藤は、セルアニメやカラーフィルムなど最新技術も取り入れながら、不条理感が漂うエキセントリックな作風で独自の境地を拓いた。戦後はその独創性に磨きがかかり、色セロファンを用いたカラー影絵アニメーションという、世界的にも例がない技法に到達した。『幽霊船』（一九五六年）はその代表作で、海外の映画祭にも出品され、日本のアニメーション作家としては早くから海外に名を知られた一人になった。

大藤はその生涯のほとんどにおいて、自身に加えて一〜二名という少人数での制作体制を維持し、また売るための作品ではなくあくまで個人の芸術表現を目指した。ほぼ同時期に活躍した政岡憲三《まさおかけんぞう》（次章で詳述）と比較すれば、二人とも資産家で制作資金にあまり困らなかったことや、最新技術を積極的に取り入れたところは共通している。しかし、政岡が共同制作体制をとり、大衆娯楽を目指したのに対して、大藤は自主制作による独自性を追求した。

再評価された荻野茂二

アニメーションの自主制作とは、作家が自己資金によって自由な創作を目指す立場である。

大藤信郎は自主制作を続けたが、初期の作品は劇場で一般公開されているし、戦後も配給や出資社を募っている。彼は自主制作でありながら、そこからの脱却を目論んだ形跡があった。

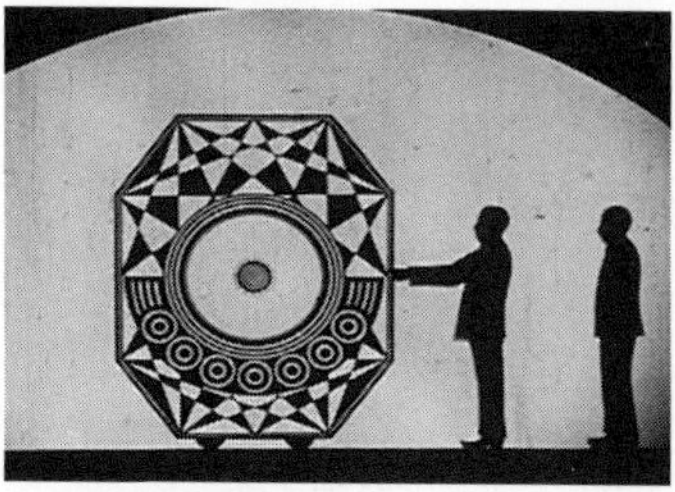
『百年後の或る日』

対して、荻《おぎ》野《の》茂二《しげじ》（一八九九〜一九九二）は完全な自主制作で、別に本業を持ちながら、戦前から戦後にかけて数多くの短編映画を制作した。注目すべきは、一九三〇年代に発表した前衛的な短編アニメーションである。

『FELIXノ迷探偵』（一九三二年）は、市販の玩具の人形をコマ撮りした、国内では最初期の人形アニメーションである。人形アニメーションは今でこそ子ども向けのアニメでも馴染み深い技法だが、一九三〇年代は世界的にも珍しかった。

同じく荻野の『PROPAGATE（開花）』（一九三五年）と『AN EXPRESSION（表現）』（一九三五年）は抽象的な図形が動くアニメーション、『百年後の或《あ》る日』（一九三三年）は影絵による近未来SFで、いずれも荻野の前衛的なスタイルが発揮された作品である。生前はアニメ史の文脈で語られる機会はほとんどなかった荻野だが、死後に再評価された。

戦前の自主制作作家の実績は、何よりフィルムが現存しない作品が多く、再評価を難しくしている。しかし、一九三〇年代には荻野のほかにも多くの自主制作作家が活動していた。

当時の自主映画のカテゴリーとして使われた「人形映画」には、コマ撮りしていない作品、たとえば糸あやつりによって人形を動かして撮影した、アニメーションとはいえない作品も含まれている。これも、作品の記録や現物が残っておらず、確かめようがない。いずれにせよ、商業映画ではなく自主映画まで範囲を広げれば、日本の人形アニメーション史は戦後ではなく一九三〇年代から始まったと考えてよい。

こうした現状を象徴する人物に乾孝《いぬいたかし》（一九一一～九四）がいる。乾は発達心理学の分野で多くの業績を残した心理学者だが、一九三〇年代に数本の人形アニメーションを制作していたことが遺品の研究から明らかになった。しかも、荻野茂二は自主映画のコンテストなどに出品し、その活動が記録に残っているが、乾は現在のところ、作品が自主的な場で公開されたかどうかもわかっていない。

乾自身の回想（『ある青年』思想の科学社、一九八九年）によれば、彼はアンデルセンの童話「雪の女王」を原作にした『鏡』（一九三一年）、同じくアンデルセンの「人魚姫」を原作にした『人魚と人間』（一九三二年）を制作した。両作品は現存しており、コマ撮りによる人形アニメーションであることがわかる。

留意したいのは、二作ともブルジョアとプロレタリアとを対比したストーリーをもつ点である。こうした映画を傾向映画と呼び、階級社会の矛盾や闘争、反戦などを盛り込みながら、特に時代劇映画の分野で一九二〇年代末から三一年頃にかけて制作された。しかし、危険思想として検閲の対象になり、短期間のブームに終わった。乾が作品を公開しなかったのも、こうした事情があったからかもしれない。

前衛芸術とアニメーション

村山知義《むらやまともよし》（一九〇一〜七七）は、前衛芸術集団マヴォを結成（一九二三年）し、美術、文学、演劇、建築、映画まで数多くの分野で活躍した芸術家である。

村山は一九三一年、自身が雑誌「子供之友」に連載した童話を原作にして、短編アニメーション『三匹の小熊さん』を発表した。シンプルな描線とデフォルメされたキャラクターデザインや背景画は、むしろ戦後のアメリカや東欧で発達するリミテッドアニメーション（絵の動きを意図的に省略したスタイルのアニメーション）を思わせる。ただし、彼が手がけたアニメーションは、これ一作である。

前衛的な作風という意味では、当時何人かの作家が取り組んだ影絵アニメーションにも注目したい。これはキャラクターや背景を影絵で表現する手法で、国内外で見られる伝統的な影絵芝居をアニメーション化したものといえる。キャラクターが真っ黒い「影」で表現されるから、表情の変化なども省略される場合が多い。

京都の学生を中心としたグループが制作した短編の影絵アニメーション『煙突屋ペロー』（田中喜次《たなかよしつぐ》監督、一九三〇年）は、反戦をテーマにした傾向映画である。兵隊の出る魔法の卵を手に入れ、戦果を挙げた煙突屋のペローは勇んで故郷への汽車に乗るが、その車窓からは傷ついた人々、破壊された街が延々と続くさまが見える。ペローは後悔し、魔法の卵を投げ割る。

子ども向けのシンプルなストーリーとメッセージ、それを影絵によるアニメーションならではの抽象性をもって見せたのが本作だった。

日本の影絵アニメーション作家として一つの頂点を極めたのは荒井和五郎《あらいわごろう》（一九〇七～九五）で、代表作はオペラ「蝶々夫人」を翻案した『お蝶婦人の幻想』（一九四〇年）である。ただし、彼もプロ作家ではなく、本業は歯科医だった。

遠い道のり

一九一〇年代、先んじる欧米の作品に影響されて、見よう見まねで国産アニメーションの歴史が始まった。絵が動くだけで面白がられる時代は短期間で過ぎ去り、初期のアニメーション作家らは鑑賞に堪え得る質の高い作品制作を模索するようになった。同時に、絵が動くアニメーションの造形性は、広告、教育から前衛芸術までさまざまな領域に刺激を与えた。

つまり、絵を動かすための基本的な技法は比較的短期間で習得できたが、そこからさらに一歩進んで、アニメーションの本質を掘り下げ、作家自身の考え方が作品に反映されるようになりつつ一九三〇年代に入った。

その一方で、アニメーション制作には手間も時間もかかり、ごく一部の道楽者のなせる業にとどまっていた。その域を脱して、アニメーションが商品として大衆娯楽となるまでには、まだ遠い道のりが控えていた。

第2章

1945年
プロパガンダが技術向上をもたらす

『桃太郎　海の神兵』(1945年)
日本初の長編アニメーションで、
蘭印作戦をモデルにしている。
当時16歳の手塚治虫にも影響を与えた。

1　政岡憲三の業績

子ども向けアニメの増加

一九三〇年代に入って、アニメーション制作の人材、技術は欧米には追いつけないものの、日本なりの形は整ってきた。アニメーションを専門的に制作する作家が現れ、娯楽だけではなく教育用、宣伝用（CM）作品が増えてきたからである。

また、子ども向けアニメの登場も重要である。田河水泡《たがわすいほう》の漫画「のらくろ」は雑誌「少年倶楽部」で一九三一（昭和六）年から連載が始まり、それを原作に短編アニメーション『のらくろ二等兵　教練の巻』（一九三三年）が制作された。戦前、「のらくろ」のアニメーションは少なくとも五本あるが、これが第一作で、制作は村田安司である。

子ども向けアニメの増加は、教育の場にも波及した。ただしそれは、アニメの教育上の良し悪しという意味ではない。アニメーションを教材として使う方法が、アニメーターや映画作家、文学者まで加わって議論されていたのである。

大阪に移った北山清太郎が一九三二年に制作した『円』は、図形としての円の特徴、円周率、円の面積の求め方まで盛り込んだ、算術の教育用アニメーションである。製作元の大阪毎日新聞は、「実験で理論的に、的確に行かぬところを映像によって表現し理解を助ける」「動く画により全てが鮮明であり印象が強くて記憶度が高い」「時間の経済となり問題練習を充分にし、より高度の学習が出来る」ことを、アニメーション教材の利点として掲げている（「映画教育」一九三二年一二月号）。

一九三〇年代から戦後にかけて、「文化映画」という分野があった。長編の娯楽映画以外の短編映画、記録映画、教育用映画などを指し、アニメーションが含まれることもあった。当時の国産アニメーションは、現在の我々が見ても娯楽性を感じるが、実際には小学校などの視覚教育向けも多かった。結果、子どもたちは教育の場でアニメーションを見る。大阪毎日新聞がアニメーションの教育的効果に注目していたのには、こうした背景があった。

娯楽としてのアニメーションを問うのであれば、やはりディズニーを中心としたアメリカの作品をどう意識し、作品を洗練させるかが重要である。そうなると、政岡憲三を挙げなければならない。

日本アニメーションの父

一九三〇年代から戦後まもない頃にかけて活躍した政岡憲三には、しばしば「日本アニメーションの父」との尊称が与えられる。彼がスタジオで共同制作し、指導教育して形成された人脈を追うと、後のスタジオジブリに行き当たるため、そうした尊称は説得力をもつ。

政岡憲三は、一八九八（明治三一）年一〇月五日、大阪市に生まれた。生家は不動産業を中心に財を成した資産家で、政岡は長男だったにもかかわらず家業を継がずに、豊富な財を趣味に投じた。

政岡は京都市立美術工芸学校（現京都市立銅駝《どうだ》美術工芸高校）など複数の学校で絵画を学び、演劇にも興味を広げつつ、京都のマキノ映画に入って劇映画制作に関わった。ここで彼は、監督、美術、俳優までこなす。この経験が、アニメーションの世界に入る遠因になったのだろう。

一九三〇年八月、政岡は京都市内の自宅をスタジオにしてアニメーション制作を開始し、同年に第一作となる『難船《なんせん》ス物語第一篇・猿ヶ島』を完成した。難破した船から無人島にたどり着いた赤ん坊がサルに育てられ、少年に成長するが、少年にはしっぽがなく……、という作品で、翌年には続編『難船ス物語第二篇・海賊船』を発表した。

以後政岡は、一九三九年までに短編を約一五作品発表したが、日本アニメーションの父とされる彼の功績は、第一にアニメーション制作法の近代化である。

制作技術が原始的だった日本にあって、政岡はセルを多用した。また、サイレントが主流だった中でトーキーを積極的に導入したのも政岡である。彼の『力と女の世の中』（一九三三年）は本格的なトーキー・アニメーションであり、キャラクターの声優には古川緑波《ふるかわ》（ロッパ）が入った。

つまり、絵が動いているだけで面白がられる段階を脱却し、作品の質にこだわったのが政岡である。正式に絵を学び、短いながら映画界でも経験を積んで、アニメーションの可能性を理解しながらも、それを観客の鑑賞に堪えうるようにするためには、技術水準の向上が必要だと考えたのだろう。これによって、日本のアニメ界全体の底上げが図られたとまでは言えないが、一つの突破口を開いたのは確かである。

次に、後継者の育成である。『力と女の世の中』は、新設の「政岡映画製作所」が制作元だが、一九三九年にはスタジオ名を「日本動画研究所」と改めた。「動画」は政岡によるアニメーションの和訳であり、戦後も長く使われた。そして彼はスタジオでの一連の仕事で新人アニメーターを雇い入れ、戦後にかけて行動を共にした。彼の代表作の一つ『くもとちゅうりっぷ』（一九四三年）は、こうした流れの中で制作された。

戦後設立された日本動画社で、政岡はもう一つの代表作『すて猫トラちゃん』（一九四七年）を制作する。敗戦直後の混乱を感じさせない良質のファンタジーに仕立て上げた、政岡のアニメーション監督としての到達点である。

しかし政岡は、続編の『トラちゃんのカンカン虫』（一九五〇年）制作中にスタジオを退社し、アニメーションから離れてしまう。スタジオの仕事で得られる収入では家庭を支えられなかったからだと、後に政岡は回想している。

それでも、彼が残した人材は豊富で、政岡退社後に日動映画社と名を変えたそのスタジオは、そのまま一九五六（昭和三一）年設立の東映動画（現東映アニメーション）の事実上の母体となった。その東映動画に入社して研鑽《けんさん》を積み、後にスタジオジブリ設立の中心メンバーとなるのが宮崎駿、高畑勲である。

技術と人材、ハード面とソフト面との双方で、戦前から戦後にかけて貢献した政岡憲三は、確かに日本アニメーションの父である。同時に、言論統制、表現の自由が奪われた時代に生み出された作品群への敬愛から、彼は一種のアイドル、神格化された印象がある。共同作業であるはずのアニメーションで、一人のカリスマの存在に注目する現代的な目線が、そこには存在する。

2　プロパガンダとしてのアニメーション

検閲される映画

戦前から戦時中にかけて、言論や表現活動に対して行われた内務省警保局による検閲制度は、新聞、書籍など出版物のほか、絵画、音楽（レコード）、映画にも及んだ。

大日本帝国憲法では、言論、出版、集会、結社の自由を認めていたが、実際にはさまざまな法律で表現は規制された。たとえば、皇室を冒瀆《ぼうとく》する内容、共産主義を支持する内容、植民地の独立運動を扇動する内容などが規制対象だった。

全国統一の映画検閲は、一九二五（大正一四）年七月に始まり、「公安」「風俗」「保健」などの観点から障害があると認められたシーンが対象になった。「風俗」でいえば、「残酷」「姦《かん》通《つう》」「接吻《せっぷん》」「性的暗示」など一八項目がチェック項目だったので、外国映画のキスシーンはカットの対象だった。

一九三一（昭和六）年九月一八日に発生した柳条湖《りゅうじょうこ》事件に端を発する満洲《まんしゅう》事変以後、日本はいわゆる戦時体制下に入った。国の人的・物的資源は国の管理下で統制され、最終的には映画も、映画法の公布（一九三九年四月五日）によって自由な制作が不可能になった。国策に沿った映画制作と上映が前提であり、戦勝を伝えるニュース映画を推進し、娯楽映画は制限された。

しかも海外、特にアメリカ映画は敵性映画になった。一九三〇年代といえば、ディズニーの全盛期である。世界初の本格的フルカラー長編アニメーション『白雪姫』（一九三七年）は、この時期には国内公開されなかった。

映画法施行により、アニメーションもプロパガンダ（政治宣伝）として制作されるようになった。アニメーションは、その教育的効果で指摘されたように「動く画により全てが鮮明であり印象が強くて記憶度が高い」のであって、政治宣伝の道具として軍部も注目していた。

大鷲退治に向かう『空の桃太郎』

ただ、アニメーションは映画法施行以前と以後で、画然と事情が異なるわけではない。一九三三年に初めてアニメ化された「のらくろ」は、陸軍を模した「猛犬聯隊《れんたい》」に入隊する優等生ではない主人公（のらくろ）の日常や訓練、失敗談、そして軍隊での昇進が描かれ、観客（子ども）に一つの将来像を示している。つまり、子どもは健全に身体を鍛え、将来お国のために活躍できるように、というメッセージである。

後に長編のプロパガンダ作品を手がける瀬尾光世《せおみつよ》（一九一一～二〇一〇）が制作した短編『お猿の三吉・防空戦の巻』（一九三三年）、『お猿の三吉・突撃隊の巻』（一九三四年）は、タイトルからして戦争ものだが、現存する後者を見ると、主人公の三吉（サル）が加わる一行と、ソビエト連邦を思わせる白熊軍との戦闘が描かれる。

こうしたアニメーションは一九三〇年代からしばしば制作され、そこでは動物の擬人化によって敵味方を表現したり、舞台や風景によって日本国内か植民地かを描き分けたり、アニメーションならではの表象、デフォルメがなされた。

ただ、これがすなわちプロパガンダかという判断には、当時の観客の反応などについての情報が非常に少なく、慎重な姿勢も必要である。

たとえば、村田安司が一九三一年に制作した『空の桃太郎』は、初期のプロパガンダアニメとされることがある。南極に現れたワシによって平和を脅かされたペンギンやアホウドリに懇願された桃太郎が、イヌ、サル、キジを率いて戦闘機に乗り南極へ出撃、途中でカメやクジラの力を借りて二度の給油を行い、ワシとの空中戦ののち勝利するという内容である。

作者の村田安司は、「太平洋横断で世界中が血眼になった時でした。日本の土地を踏台にして飛出す連中は外国人ばかり、何という情ないことだ。何とかこれを題材に、日本の国威を示すような画をと考えた」「ガソリンの海上補給など当時の問題をそのまま入れ込んだのです。大鷲退治と出かけたのは空の王者で威張ってるアメリカあたりを当込んだ気味もあります」と解説している（「活映」一九三三年五月号）。

『空の桃太郎』

国威を示す、アメリカを当て込むとあるのだから、やはりこの作品はプロパガンダなのだろう。ワシ（ハクトウワシ）は、アメリカ合衆国の国章にもなっている。しかし、実際の作品内容は大らかで、多くの動物キャラクターは性格ごとに巧みに描き分けられ、コメディとしても優れている。だからこそ問題だという指摘はあり得るが、それは現代的で恣意的な解釈である。

日本初の長編アニメーションはプロパガンダ

映画法施行後、そして一九四一年一二月八日の真珠湾攻撃後になると、状況は変わる。

戦時中に制作されたプロパガンダアニメとしてよく紹介されるのが『桃太郎の海鷲』（一九四三年）、そして『桃太郎　海の神兵』（一九四五年）で、特に後者は七四分の長さをもつ日本初の長編アニメーションとなった。監督はいずれも、瀬尾光世である。

『海鷲』は、隊長の桃太郎、多くのイヌ、サル、キジ、ウサギが乗艦する空母が鬼ヶ島へ出撃し、艦上機による空爆や魚雷攻撃によって敵方を駆逐、多大な戦果を挙げる内容で、完全に真珠湾攻撃をモデルにした作品である。しかも、冒頭には「この映画を大東亜戦争下の少国民に贈る」と字幕が現れることから、子どもをターゲットにした純然たるプロパガンダだった。

アニメーションといえば一〇分前後の短編ばかりだった国内作品にあって、本作は三七分、長編といってもよい規模である。スポンサーには海軍省が入っており、それまでの国内アニメーション制作では実現しなかった巨費が投じられたと考えられ、結果として作画や撮影の水準が格段に向上した。

公開は一九四三年三月二五日、興行成績は六五万円だったとされるが、これは同時期の公務員や銀行員の初任給から換算すると約一五億円にもなる。戦勝気分の余韻に浸りながらも娯楽が制限されていた当時、こうしたプロパガンダが娯楽になり得たのである。

この大ヒットに、どうやら気をよくした軍部は、第二作を画策する。二年後に公開された『海の神兵』は、オランダ領セレベス島（スラウェシ島）での海軍空挺部隊による蘭印作戦、つまりこれも実戦をモデルにしたものだった。桃太郎隊長の登場も『海鷲』と同じだが、映画の構成はまったく違う。

『海の神兵』は、擬人化されたイヌ、サル、キジなどがそれぞれ故郷の田舎を訪問するところから始まる。それは極秘任務で出撃する前の休暇だった。その後、南洋の占領地と思われるところで現地民（擬人化されたゾウやサイなど）に日本語教育を行うシーンが入り、敵方が襲来、戦闘状態になる。

前作の『海鷲』は、洋上の空母、出撃・攻撃する艦上機のシーンで全編が占められる戦争映画だった。対して『海の神兵』は、日本の田舎や占領地での日本語教育など、牧歌的にも見えるシーンが長く続く。ゆったりとしたアニメート（絵の動き）で、ミュージカル仕立てのシーンもあり、戦時下でありながらアニメーションならではの叙情性を目指した、との解釈もある。

しかし、現地民への日本語教育シーンなどは、いわゆる大東亜共栄圏の一つのモデルをアニメーション化して観客に流布しようとする、戦勝気分を盛り上げるのとは別の意味でのプロパガンダである。しかもこの内容であれば、占領地でのプロパガンダとして現地民を教育できる。ただし、『海鷲』は海外（上海《シャンハイ》など）でも上映されているが、『海の神兵』の海外上映は確認されていない。

これは、『海の神兵』の完成時期も関係する。日本国内での公開は一九四五年四月一二日で、すでに南洋の占領地のほぼすべてを失い、日本の主要都市は空爆を受け、観客の子どもは学童疎開によって都市部からいなくなっていた。公開時に本作を見て感動し、アニメ制作を目指す動機になったとの回想を残した手塚治虫は、当時一六歳だった。

大東亜共栄圏はもちろんのこと、すでに日本国内も『海の神兵』が目指した成果を果たせるような状況になく、四ヵ月後の敗戦を迎える。その後本作は長らく行方不明になり、製作元の松竹の倉庫から再発見されたのは、一九八二年だった。

ファンタジーの傑作『くもとちゅうりっぷ』

そして、短編アニメーション『くもとちゅうりっぷ』(一九四三年)である。戦時中のアニメ史でよく紹介される本作のストーリーは、次のようなものである。

軽やかに歌うテントウムシの女の子を誘惑して捕らえようとするクモ。テントウムシはチューリップの花の中に逃げ込む。クモは持久戦に出て、テントウムシがチューリップから出てくるところを待ち構えるが、そこに嵐が来て、クモは暴風雨と稲光の中で息絶える。やがて嵐は止み、テントウムシは無事チューリップの中から出てきて、再び歌いだす。

監督は日本アニメーションの父・政岡憲三で、彼の代表作の一つである。しかし、時局に合わない内容と判断されたのか、脚本段階の検閲で不合格になり、許可制だったフィルムは支給されなかった。政岡の回想によれば、仕方なく撮影所で余ったフィルムの断片（端尺という）を集めて、作品の完成にこぎつけた。

本作は、政岡が自身の芸術至上主義を貫き、時流に反するファンタジーに仕立て上げた作品として、戦時中の日本アニメの金字塔とされた。

戦時色を感じさせない内容と最高水準の作画技術は、現存する作品で確認できる。二本の『桃太郎』とは違って、軍部が協力しない体制で完成させたとなれば、特に作画技術の高さは特筆してよい。

しかし、本作は企画段階では検閲を通らなかったが、作品は無事公開されている。検閲の担当官が本当に時流に合わず不適作品だと断じれば、公開されていないはずである。

そこで本作の内容を改めて見ると、テントウムシが歌う歌詞は「てんてんてんとうむし、おてんとうさまの子」となっていて、「おてんとうさま」は日本の象徴である。一方クモは、黒人のようなキャラクターデザインで、しかも当時のアニメーションで西洋人を示す記号の一つだったパイプをくわえている。そして、作品後半の嵐は「神風」であり、クモ（敵方）は神風で駆逐され、テントウムシ（日本）は神風によって救われる。

こうして見れば、本作でさえプロパガンダを担わされたと解釈できる。

『闘球肉弾戦』と『ニッポンバンザイ』

『闘球肉弾戦』
出典『日本アニメーション映画史』（山口且訓・渡辺泰、有文社、1977）

戦時中、『海の神兵』や『くもとちゅうりっぷ』に見られる牧歌的な作風は、もちろん例外だった。

一九四三年に完成した短編アニメーション『闘球肉弾戦』は、サルのチームとイヌのチームとが闘球（ラグビー）の試合を行う内容である。イヌ軍は愚直に練習に励むが、サル軍はパイプをくわえ、バナナを食べ、ギターを弾きながら歌い、果ては練習中のイヌたちにリンゴの芯を投げつける。イヌ軍は日本であり、サル軍はパイプやリンゴの丸かじりが出てくることでアメリカだと明瞭にわかる。試合開始直後はサル軍が優勢だが、イヌ軍はボロボロになりながらもボールを追いタックルをかける。次第に、個人プレーが目立つサル軍に比べて統率がとれているイヌ軍が勢力を取り返し、最後はもちろんイヌ軍が勝つ。

やはり一九四三年完成の短編アニメーション『ニッポンバンザイ』では、虐待、搾取される南方の現地人を影絵で描くところから始まり、イギリス海軍の戦艦プリンス・オブ・ウェールズや真珠湾攻撃などが実写で登場する。米英撃滅のスローガンが飛び、日本軍の落下傘部隊も実写で登場、米英は降伏し、現地人は解放される。最後はルーズベルト、チャーチル、蔣介《しょうかい》石《せき》そっくりの三人のキャラクターがいかだに乗って漂流するシーンで終わる。

この二作のような、どこから切ってもプロパガンダ一色のアニメーションは、当時日本で何本も制作されていた。日本初の長編とか、戦時色を感じさせない内容とか、そういった特異例をもって状況を解釈すれば、この時期の日本のアニメーションの全体像を見誤る。

アメリカではディズニーを含めた大手スタジオが多数のプロパガンダを制作し、日本を揶揄したり攻撃したりする内容のものも多い。

ドイツではナチスが、ユダヤ人を激しく差別する内容の短編アニメーションを制作していたが、娯楽的なカートゥーン調の作品もあり、これを見るとナチス傘下のアニメーターたちがディズニーをかなり研究していたことがわかる。

戦時体制と撮影技術の向上

二本の『桃太郎』、『くもとちゅうりっぷ』、そして『闘球肉弾戦』の制作元は、いずれも松竹動画研究所である。このスタジオは一九四一年五月設立、政岡憲三や瀬尾光世が所属し、アニメーションの作画、撮影技術が非常に高度だったことは、残された作品によって明らかである。

軍部の指揮下に入り、プロパガンダを制作する前提で投入された多額の制作資金あってのことで、それがなければ、結果は違っていたかもしれない。しかし同時に、そうした環境にあって、それまで十分とはいえない制作環境や資金面で労苦を重ねていた日本のアニメーターたちが、初めて高度な技術を実践できた側面はある。

リーダーの政岡は戦後まもなくアニメ制作から離れ、またテレビ時代に入ってから日本のアニメ界が再編されていくことを考えれば、戦時下のアニメーション制作の経験や実績が、そのまま後のアニメ界に活かされたとまでは言えない。しかし、戦時下にあったからこそ高品質の作品が制作できたとすれば、皮肉以外の何物でもない。

3 「民主主義」というプロパガンダ

日本アニメ界の復興

太平洋戦争は一九四五年八月一五日に停戦し、同年九月二日に降伏文書に調印して、日本は敗戦、連合国軍による占領統治に入った。

一つの幸運は、戦前から戦時中に活躍したアニメーターで、国内の空爆や国外の戦地で命を落とした者はほとんどいなかったことである。しかも、敗戦の翌月（一〇月）には新日本動画社が成立、さらに一一月には日本漫画映画社へと改編されて、政岡憲三や村田安司ら戦前以来のアニメーターの大半が参加した。ここが、日本アニメ界の復興の拠点となった。

敗戦直後の混乱期に、これだけの組織化がなされたのは、ＧＨＱ（連合国軍最高司令官総司令部）の思惑があったからとされるが、確かめられてはいない。所属アニメーターの多くは戦時中のプロパガンダの一翼を担ったわけだから、一箇所に集めて管理下に置く考え方はあり得る。

しかし、脚本、演出、作画、セルへのペイント、撮影、編集など多くの工程に分業化され、集団作業によって完成するアニメーションにとって、こうした一団の結成は、結果として戦後復興のスピードを速めた。

政岡憲三はさっそく新作に取りかかり、翌一九四六年五月には短編アニメーション『桜（春の幻想）』を完成した。ドイツロマン派の作曲家ウェーバーの楽曲「舞踏への勧誘」に合わせて、舞い散る桜の中、舞妓やチョウがたわむれるミュージカルである。

一九四七（昭和二二）年四月、日本漫画映画社は日本動画社と名を変え、後に日動映画社となる。政岡憲三はここで、代表作『すて猫トラちゃん』（一九四七年）を監督した。内容は、父親のいない子沢山の家庭で奮闘する母親、そこへ居候になるトラちゃん、それを快く思わない子との葛藤が描かれる。キャラクターは擬人化されたネコだが、敗戦後の焼け跡を生き抜こうとする当時の家族像を反映し、政岡特有のゆったりとしたアニメートと、全編ミュージカル調で構成された作品である。

GHQによる検閲

政岡の作品に戦前から関わり、『くもとちゅうりっぷ』にも参加したアニメーターに熊川正《くまかわまさ》雄《お》がいる。彼は『闘球肉弾戦』制作中に召集され、敗戦は中国大陸で迎えた。一年近くの捕虜生活を経て復員し、生まれ故郷の京都へ戻ったが、そのときすでに東京では政岡がアニメーション制作を再開していた。

熊川はすぐに政岡のいる日本漫画映画社へ合流したかったが、その頃は都会地転入抑制緊急措置令が布かれていた。これは、戦時中の空爆で極端な住宅不足にあえぐ大都市に、疎開先などから多くの人が流入するのを防ぐため、転入を制限する施策である。

東京行を断念した熊川は京都にとどまり、短編アニメーション『魔法のペン』（一九四六年）を制作した。内容は、次のようなものである。

焼け跡のバラックに住み、新聞配達に励む戦災孤児の少年が、ある日、青い目の人形を拾う。バラックに持ち帰ると、その人形は等身大の少女になって動き出し、少年にペンを与える。それは、描いたものが何でも本物になる魔法のペンだった。少年は自動車を描いてそれに乗り、焦土に次々と近代的な街を描いていくが、ふと気がつけば、少年の腕の中には何も変わらない人形があった。

いわゆる夢オチだが、その夢の中で描かれる近代都市はアメリカの豊かさの象徴であり、しかも作中では少年が英語を勉強するシーン、さらには作中で流れる歌の歌詞にも英語が混じる。敗戦からわずか一年で、国産アニメーションはこうした内容に変貌を遂げた。

戦後に設立された東宝教育映画部は、一九四七年に短編アニメーション『ムクの木の話』を制作した。これは手描きのアニメーションだけではなく、ミニチュアを使った特撮的な技術も複合させた、アニメーション技術史上の重要な作品になった。内容は、次のようなものである。

　広野に一本立つムクノキは多くの鳥や虫たちの憩いの場になっていたが、そこに怪物（氷魔）が現れ、あたり一面雪と氷の世界になる。氷魔は暴れ、樹木は兵士に、さらにハーケンクロイツに化ける。やがて氷の彼方から陽光とともに自由の女神が現れ、氷魔はなだれとともども駆逐されて、春が訪れる。

『魔法のペン』
出典『日本アニメーション映画史』（山口且訓・渡辺泰、有文社、1977）

『魔法のペン』『ムクの木の話』ともに、民主主義を称揚する内容で、敗戦から一、二年での転向ぶりに驚かされる。ＧＨＱの映画政策は徹底していた。戦前に制作された時代劇は仇討ちや切腹など、欧米的価値観からみて好ましくない内容があるとして処分し、新たに制作される作品も検閲によって内容をコントロールした。

とりわけ、ＧＨＱの部局・ＣＩＥ（Civil Information and Education Section、民間情報教育局）は、日本の大衆に向けて民主主義を広く啓蒙・教育する役割を担った。そこで活用されたのが映画であり、アメリカの市民生活から教育、科学技術に関するものまで、さまざまな短編映画が持ち込まれ、日本全国で公開された。いわば、民主主義のプロパガンダである。ただし、『魔法のペン』『ムクの木の話』が実際にプロパガンダとして作られたのか、GHQの介入があったかどうかについての確実な情報はない。

敗戦によって到来した自由主義、文化礼賛の波は、「被害者」として戦時を耐え忍んだ庶民が享受し得たものではあったが、その庶民が抱えていた自己矛盾に対して、映画監督の伊丹万作《いたみまんさく》は次のように警告している。

私は、試みに諸君にきいてみたい。「諸君は戦争中、ただの一度も自分の子にうそをつかなかったか」と。たとえ、はっきりうそを意識しないまでも、戦争中、一度もまちがったことを我子に教えなかったといいきれる親がはたしているだろうか。いたいけな子供たちは何もいいはしないが、もしも彼らが批判の眼を持っていたとしたら、彼らから見た世の大人たちは、一人のこらず戦争責任者に見えるにちがいないのである。

（「戦争責任者の問題」、「映画春秋」一九四六年八月号）

民主主義のプロパガンダは、冷戦時代に各国で見られた。その典型的な例が、イギリスの長編アニメーション『動物農場』（J・ハラス監督、一九五四年）である。横暴な農場主を、一致団結した家畜たちが追い出し、平等を重んじる理想社会を建設しようとする、G・オーウェルの同名小説をアニメ化した作品である。原作自体が全体主義やスターリニズムを批判した内容だが、アニメ版の制作途上、ＣＩＡ（アメリカ中央情報局）が資金援助していたことが、後に明らかになる。共産主義は危険思想であるということをアニメーションによって拡散、啓蒙する意図があったのだろう。

そして、あまり知られていないが、ほぼ同時期の日本でも、こうしたアニメーションが制作されていた。『ハヌマンの新しい冒険』（一九五七年）、『熊と子供たち』（一九五九年）は、タイのアメリカ大使館が東映動画に制作を依頼した短編アニメーションで、いずれも共産主義批判の色が濃いプロパガンダである。ただし、この二作とも東南アジア諸国向けで、日本国内では公開されなかった。

戦時中のアニメーションは兵器だったと言われることがある。アニメーションが本来果たすべき役割を奪われ、プロパガンダの一翼を担わされた状況を皮肉ったのである。

しかし以上見てきたように、イデオロギーを運ぶ装置としての映画、そしてアニメーションは、日本の敗戦をもってその芸術的価値や娯楽としての役割を完全に取り戻したわけではなかった。アニメとプロパガンダの問題は、戦時下に集約できるものではない。

そしてこの視点は、日本のアニメ界における「戦後」がいつから始まるのかという問いにもつながるのである。

4　テレビ放送開始による新たな可能性

敗戦後、日本のアニメーション復興の道筋で、重要な転機をもたらした事柄が二つある。一つが一九五〇（昭和二五）年九月の『白雪姫』に始まるディズニー長編の公開、もう一つがテレビ放送の開始である。ディズニー長編公開については、次章で取り上げる。

一九五三（昭和二八）年二月一日、NHK東京テレビ局が日本で初めてテレビの商業放送を開始した。

テレビ放送開始

NHKのテレビ放送研究は戦前から始まっていたが、戦時中に中止、敗戦直後にはGHQから研究を禁じられた。しかし一九四六年には研究が再開され、アメリカに遅れること十数年で、日本も映画に次ぐ第二の映像メディアの商業化を実現させた。

NHK放送開始の同年八月二八日には民間テレビ放送第一号となる日本テレビが本放送を開始した。以後、一九五五年四月一日にはラジオ東京（現TBSテレビ）、五九年二月一日には日本教育テレビ（現テレビ朝日）、同年三月一日にはフジテレビが本放送を開始した。

ただし、テレビ受像機の世帯普及率は、五局が出揃った一九五九（昭和三四）年でも二三・

六％にとどまり、庶民の娯楽として定着していなかった。メディアとしてのテレビの存在感が増すのは、やはり東京オリンピック開催の一九六四年で、その前年（一九六三年）のテレビ普及率は八八・七％に達していた。この年は、テレビアニメ『鉄腕アトム』の放送開始年である。

日本のアニメ史にとって、テレビ放送開始はきわめて重要な意味をもつ。それは『アトム』だと考えがちであるが、アニメのメディアが映画に次いで一つ増えたことの意味が、より大きい。

精工舎の時計 CM　画像　セイコーホールディングス提供

その象徴的な変化が、テレビＣＭの誕生である。特に民放では放送中にＣＭが挿入されるが、ここにアニメーションが大量に使われはじめた。

日本初のテレビＣＭ用アニメーションとされるのが、服部時計店（現セイコーホールディングス）が一九五三年に制作した作品である。これは、開局したばかりの日本テレビの番組内で流れる時報だった。もちろんモノクロで、「こちらは日本テレビです」のアナウンスと「精工舎の時計」の字幕が入るシーンに始まり、ニワトリが置時計のゼンマイを回すアニメーションになって時報に至る三〇秒の作品である。

その後、ＣＭアニメーションは加速度的に増加し、その制作を専門的に手がけるプロダクションも出現した。このうちの一つがTCJで、後にテレビアニメ『鉄人28号』を制作し、テレビアニメ時代の一翼を担う。

サントリーのトリスウイスキーCMに登場する「アンクルトリス」は、この時期に登場して現在まで知られる、CMキャラクター最大のヒット作である。初回登場は一九五八（昭和三三）年、デザイナーは柳原良平《やなぎはらりょうへい》で、シンプルな描線と抑制された動きは、リアリズムが意識された伝統的なアニメーションとは異なる新たな表現だった。

一九五〇年代末、民放の大阪放送局が開局すると、ここでも多数のCMアニメーションが求められ、大阪や京都では、複数のCMアニメーション専門スタジオが設立された。いわゆるローカルCMではあるが、ここで誕生したのが、ヤンマーディーゼルの「ヤン坊マー坊」であり、カネテツデリカフーズの「かねてっちゃん」だった。

今日でもそうであるが、当時も、メーカーなど各企業による自社の広告宣伝には潤沢な予算が投入された。

さらに、盛んになったテレビCMアニメーションで培われた技術、またそれを担ったアニメーターたちが、『鉄腕アトム』以後のテレビアニメ時代を下支えした。その意味でも、テレビ放送開始とCMアニメーション発達は、日本のアニメが自立するための重要な転機だったのである。

敗戦から「戦後」へ

ところで、二〇〇〇年代に入った頃から、「戦後日本のアニメ」という表現が、アニメに関する論評や解説などでしばしば使われるようになった。ここでいう「戦後」とは、いつからのことなのだろうか。

日本の一般的な近現代史では、一九四五年八月一五日を境にして、それ以前が「戦時」さらに「戦前」、それ以後が「戦後」となるだろう。この認識を大前提に、戦争が現に起きていた時期と、敗戦後における記録や記憶の継承の時期とに区分され、その上に思想・文化の成立や変遷が語られていく。

しかし、アニメ史に関する限り、この区分では実態を理解する上で適当ではないように思える。戦後日本のアニメというフレーズで語られる場合、多くは東映動画設立、さらに『鉄腕アトム』放送開始の話から始まるのであって、それは一九五〇年代後半からである。つまり、敗戦からの約一〇年間の評価が反映されていないのだ。

本章で見てきたように、アニメーターは敗戦を境にして軍部の呪縛から解放されたようでいて、実はGHQの睨みが見え隠れする中で仕事をする必要があった。また、そこでの制作体制や公開・流通形式は、戦前までとあまり変わらない。つまり、制作された作品は戦前と同じく文化映画の範疇《はんちゅう》に含められ、作品史には連続性がある。

一方、現在の日本のアニメは巨大な商業性を有し、商品として大量消費されながらも、制作者たちは時代と対話しつつ先進性や独創力を競っている。

とすれば、敗戦後も続いたプロパガンダを断ち切り、アニメーションの商業性、自律性が発展していく道筋からして、一九五三年のテレビ放送開始あたりを境にして敗戦以来の連鎖にけじめをつけ、日本アニメ史の「戦後」が始まったと考えるほうが、実態に合っている。

本書ではこれ以降、戦前・戦後とか、近代・現代といった時代区分を、日本アニメ史に当てはめた場合、どこで線引きできるのかを考えつつ、日本アニメ史の「戦後」を考えていきたい。

第3章

1956年
東洋のディズニーを目指す

『白蛇伝』
日本初の本格的フルカラー長編アニメの第1作。

1　ディズニー長編の衝撃

『白雪姫』公開

一九五〇（昭和二五）年九月二六日、ディズニーの長編アニメーション『白雪姫』が国内で公開された。アメリカでの公開は一九三七年、ディズニーが持ち得る技術の粋を集めた初のフルカラー長編アニメーションである。

以後、『バンビ』（一九四二年、日本公開一九五一年五月）、『ピノキオ』（一九四〇年、一九五二年五月）、『ファンタジア』（一九四〇年、日本公開一九五五年九月）などが、相次いで公開された。

豊かな物語と縦横無尽に躍動するキャラクター、緻密な作画、そして極彩色、ディズニー長編はあらゆる意味で、日本の観客に衝撃を与えた。手塚治虫は映画館に通いつめ、『白雪姫』を繰り返し見たという。ディズニー長編は、日本が戦時体制下に入った頃からアメリカで公開されたため、ごく一部の例外を除いて、日本国内では戦後に至るまで上映されなかった。

ディズニー長編公開の意義は、アニメーションが商業的に成功し得ることを知らしめた点にある。つまり、それ以前の国産アニメーションは、ほとんどが短編として制作され、映画館での添え物的な上映、学校の視聴覚教育用などとして配給されてきたに過ぎず、マーケットは零細だった。

また、当時はそもそも子ども向けの映画はほとんどなく、したがって映画館も、多くの子どもが出入りする場ではなかった。

ディズニー長編は、そうした旧来の状況を打ち破り、特に子ども向けのエンタテインメントである「漫画映画」の可能性を大きく開けるきっかけを作った。これが、一九五六（昭和三一）年、「東洋のディズニー」とも形容された東映動画（現東映アニメーション）の設立へとつながるのである。

ディズニーを目指す

『白雪姫』がアメリカで公開されたのは、一九三七（昭和一二）年一二月二一日である。当時のアメリカでも、アニメーションは一〇分以内のショートギャグで、複雑なストーリーはなく、映画館でも添え物として上映されるのが常識だった。『白雪姫』の完成前、その成功を確信していたのはディズニー本人だけで、周りはディズニーの道楽だと考えていたという。

しかし本作は、白雪姫と王子が出会い恋物語に発展するといったシンプルな内容から大きく脱却し、継母の影におびえる姫と、その彼女を助ける七人の小人を中心とした心理劇に再構成された。しかも、グリムの原作では存在感の高くない七人の小人にグランピー、ハッピー、スリーピーなどそれぞれの性格を表す名前をつけ、物語での重要な役割を付した。こうした創意工夫を積み重ね、長編アニメーションなど退屈するに違いないと信じていた当時の観客たちを驚愕させた八三分として、完成したのである。

アニメーションによる長編映画は、『白雪姫』が世界初ではない。現在のところ、世界初の長編アニメーションとされるのは、アルゼンチンのQ・クリスティアーニ（一八九六～一九八四）監督による『使徒』で、一九一七年に公開された。ただし本作は部分的にしか残されていない。

その後、ドイツのL・ライニガー（一八九九～一九八一）監督による影絵アニメーションの長編『アクメッド王子の冒険』（一九二六年、六五分）が公開された。

しかし、これらの作品はあくまで例外だった。ただでさえ手間のかかるアニメーションを、一時間超の長編に仕立てるのは、採算性ひとつとっても困難だった。『白雪姫』にしても、当初の予算二五万ドルに対して約一四八万八〇〇〇ドルが投じられた。今日でもそうであるが、莫大な投資の上に完成した長編アニメが不人気で、スタジオは倒産し、監督は二度と長編を作れなくなった例は、いくらでもある。

『白雪姫』の収益は約六一〇〇万ドル、桁違いの大ヒットといってよかった。これにより、ディズニーは制作の中心を短編から長編へと移行させ、『バンビ』や『ファンタジア』を生み出していく。そこでは、ミッキーマウスの短編などで約一〇年かけて実験され、積み重ねられた数多くの技法が投入された。

ディズニーを目指すとは、以上のことを目指すという意味である。実際、『白雪姫』は世界中に影響を及ぼし、一九四〇〜五〇年代にかけて、フランス、イギリス、イタリア、ソビエト連邦などの国で長編アニメーションが制作されはじめた。中華民国（中国）で初の長編アニメーション『鉄扇公主（西遊記　鉄扇公主の巻）』が完成したのは一九四一年で、これは日本でも翌年に公開されて話題になった。

こうして見ると、一時間を超える長編として日本初となった『桃太郎　海の神兵』は一九四五年に完成したのだから、日本はほぼ世界の趨勢にのっていたといえる。

しかし、こうした各国の長編アニメーションは、「精魂込めて一本作った」ものだった。つまり、商業ベースで、かつ一年に一本といった定期的なペースで制作していたとはいえず、ディズニーの実績とは相当に距離があった。

一九五〇年代、世界中のアニメーターにとって、ディズニーは目指すべき存在ではあったが、同時にそれは途方もない高みの存在でもあった。

2　長編か短編か

東映動画の発足

一九五六（昭和三一）年七月三一日、日本初の集約的な大規模アニメスタジオ・東映動画は発足した。母体となったのは、政岡憲三が立ち上げに関わった日動映画社である。当時の日動は短編アニメーション専門スタジオで、スタッフは三十数名だった。東映動画は長編アニメ制作を目指してスタッフを増員し、設立三年後には約二七〇名になった。

東映動画の発足は、ディズニーばりの長編アニメを目指す以前に、エンタテインメントとしてのアニメを商業的に制作し、そのための大規模スタジオを維持し、スタッフを雇用し、作品を作り継いでいくことを前提にした点に意味がある。しかもそれは、まだまだ不確実要素が大きかった当時の国内アニメ市場をつくりながら、ということでもあった。

これは、日本のアニメ界が「近世」から「近代」に入ったと表現できる。

一般的な年代区分でいう古代、中世、近世、近代、そして現代は、文化の成熟、国家や社会制度の成立、産業や科学技術の発展などで線引きされる。日本史では、海外の制度や技術の導入が年代区分の材料となる場合もあろう。

アニメーションの歴史では、止まっている絵をどうやって動いて見せているかが最大のポイントである。そうなると、日本では、絵巻物などの時代は「古代」、江戸時代の写し絵のように西洋伝来の技術を参考にしながら、静止画をスクリーン上で動かそうとしていた時代は「中世」にあたる。欧米のアニメーションを手さぐりで研究し、何とか国産アニメーションを実現してから「近世」に入ったが、技術的には欧米に及ばず、また市場は零細なままで、産業としても未発達だった。

ここで東映動画は、ディズニー・スタジオを模して最新式の撮影機材を導入し、数百名のスタッフを集めて年一本の長編アニメ制作を目指したのである。それは明治維新による文明開化に匹敵し、日本のアニメが「近代」に入ったことを印象づける、重要な転換点であった。

ただ、東映動画は最初から長編アニメ制作だけに突き進んでいたわけではない。

発足した東映動画には、いくつかの異なる人脈が混在していた。一つが母体になった日動映画で、ここは敗戦直後から短編アニメーションを制作してきた。日動には政岡憲三の門下生だけではなく、東宝でアニメーション制作に従事していたスタッフが混じっていた。さらには、満洲映画協会（満映）の元スタッフも入り込んでいた。満映では、劇映画やニュース映画などのほか、戦時中はアニメーションも制作していた。

東映動画発足前、東映本体の一部局だった東映教育映画部は、日動に短編アニメーション制作を発注し、その実力を確かめた。当時、教育映画部では子ども向けの短編映画を制作し、一定の成果を出していた。

つまり、趨勢は短編だったのである。すでにディズニーがアニメーションの未来像を指し示してはいたが、それを踏襲するには、人的資源、持ち得る技術水準、資金調達、マーケット、あらゆる面から時期尚早だと考えられていた。


しかも、当時のアニメーション事情をあらためて見ると、アニメーションの未来像を描いていたのはディズニーだけではなかった。

長編でいうと、『白雪姫』以前に、アメリカのフライシャー・スタジオ制作の長編『ガリバー旅行記』(一九三九年、日本公開一九四八年四月一三日)、ソビエト連邦の長編『せむしの仔《こ》馬《うま》』(一九四七年、日本公開一九四九年三月二五日)などが公開されていた。前者はJ・スウィフト原作の社会風刺が強い作品、後者は民族色が織り込まれた作風で、いずれもディズニー作品がもつ娯楽性とは異なる。

特に、一九五五年三月に国内公開されたフランスの長編『やぶにらみの暴君』(P・グリモー監督、一九五二年、一九八〇年に監督自身による完全版『王と鳥』完成)は、子ども向けから脱却した長編として重要である。独裁的な王が治める小国を舞台に、羊飼いの娘と煙突掃除人の青年が追手を逃れる中で、次第に宮殿と王国の真相が見えてくる、というストーリーである。理想と現実、抑圧と解放、それらが絡み合いながら新たな価値観が浮かび上がってくる構成は、ファンタジーやメルヘンを志向していた当時の長編アニメーションにはない、新しい可能性を追求したものだった。宮崎駿や高畑勲など、本作から受けた影響を語るアニメ監督は数多い。

　こうした状況が、東映動画企画陣にどの程度の影響を与えていたかは明らかでない。ただ、ディズニーを目指すとは、長編、ファンタジー、ミュージカル、動物キャラクターによるメルヘンなどの要素が盛りこまれることになる。それはいかにもアニメーションらしい表現を追求するようでいて、実はその可能性を一方向だけに収束しかねない、ある種の危険性をも孕んでいた。

東映初代社長・大川博

　やや混沌とした設立前後の東映動画が、結局長編アニメを目指すに至ったキーマンの一人が、東映社長の大川博《おおかわひろし》（一八九六～一九七一）だった。

　彼は中央大学から鉄道省に入り、主に経理畑の事務官として歩んで、東急グループの総帥・五島慶太《ごとうけいた》にスカウトされる形で、一九五一（昭和二六）年四月一日設立の東映初代社長に就いた。当時も今も、毀誉褒貶《きよほうへん》の激しい経営者である。

　巨額の赤字を抱えていた発足当初の東映の制作陣に対して、大川は予算即決算主義、つまり予算がそのまま決算になる方針を厳守させた。放漫な金遣いが常態化していた映画制作現場を「金で足りない部分は、諸君の創意工夫と熱でおぎなってくれ給え」と突き放した（大川博

『この一番』東京書房、一九五九年）。また、東映作品だけを上映する専門館の増設や二本立て興行の導入などで収益性を向上させ、設立五年後には東宝や松竹なども抜いて、興行収益トップの座を獲得した。現場からは嫌われたが、経理屋ならではの割り切りと結果主義で、大川は東映を立ち直らせたのである。

そんな彼が、アニメーション参入にどれほど真剣だったかは、本人の発言や回想からははっきりしない。ただ、彼は自社映画を海外輸出したい野望は相当に持っていた。当時は黒澤明《くろさわあきら》監督の『羅生門』（一九五〇年）がヴェネツィア国際映画祭で最高賞の金獅子賞を受賞し、日本映画の海外進出に注目が集まっていた。

そこで、劇映画に比べてアニメーションは無国籍性が強く、海外に輸出するコンテンツとして有利ではないかと、大川は考えていたのである。

また、ディズニーの長編以外にも、子ども向けの娯楽映画が数多く制作されはじめ、これらのヒットを見るにつけ、映画観客としての子どもの可能性に大川は気づいていた。

さらに、当時は映画人から見下されていたテレビの将来性にも大川は着目し、「テレビ用のコマーシャル動画は現在小規模な工場でつくられている。これはどうしても設備の完備した大きなスタジオでつくられなければ、将来の需要を満たすことが出来ない」（「キネマ旬報」一九五七年一一月下旬号）と語り、これが東映動画を設立した動機だと力説した。

それでも、長編か短編かとなると、大川博の意向が強く働いた形跡は見えない。当時の東映内で、大川のいう海外輸出を前提とするなら、ディズニーばりのフルカラー長編でなければダメだという意見と、十分な技術をもってすれば短編でも世界に通用する作品を作り得るという意見が対立していた。

結果として、東映動画としての第一作は、母体となった日動映画のスタッフが手がけた短編アニメーション『こねこのらくがき』（一九五七年）になった。一方、並行して制作が続けられていたのが『白蛇伝《はくじゃでん》』で、これは東映動画初の長編アニメとして、翌一九五八年九月に完成、一〇月二二日に公開された。

長編アニメ大国の出発点『白蛇伝』

『白蛇伝』は、少年時代に白蛇を助けた青年と、その白蛇の化身である女性との恋物語である。青年は、女性が白蛇の化身だとは気づいていない。すれ違いと切なさが漂う、従来の子ども向けアニメとは趣を異にする意欲作である。その完成への道筋は相当に紆余曲折しており、残された資料や関係者の証言を集めても、その全貌は明らかではない。企画が動き出したのは東映動画発足前なので、完成までに二年以上を要している。

東映動画は『白蛇伝』公開までに『こねこのらくがき』を含む四本の短編アニメーションを完成させているから、やはり本流は短編だった。長編は、『白蛇伝』のプランは動きつつも、そもそも自分たちで長編アニメが作れるのかという根本的なところで試行錯誤があった。それは、ストーリーからキャラクター、作画、編集まで、全般にわたる。一〇分程度の短編しか制作経験がない者が八〇分の長編を作るとなると、木造一戸建て専門の大工がいきなり鉄筋コンクリート五階建て商業ビルを造るようなものである。

事実、『白蛇伝』の制作途上、全編を三部構成にして、第一部のラストシーンでもエンドマークを出せるようにとの方針が出ていた。これは、仮に長編としての完成を断念せざるを得なくなっても、出来たところまで短編として公開できるよう非常手段を打ったとも考えられる。

それでも、公開された『白蛇伝』は、日本初の「総天然色漫画映画」として好意的に迎えられた。また、宿願の海外での興行にも供して、約九万五〇〇〇ドルの収益を上げたといわれる。現在の日本は世界的に見ても屈指の長編アニメ大国だが、その出発点は『白蛇伝』だった。

「東洋のディズニー」へ

東映動画は翌一九五九年には長編アニメ第二作『少年猿飛佐助』、六〇年には『西遊記』という形で、一年に一本長編アニメを公開し、形としては「東洋のディズニー」を名乗る資格を得た。

しかし、アニメを中心としたマーチャンダイジング（商品化）が脆弱だった当時、年一本の長編アニメ制作では、三〇〇人を超えるスタッフを雇用することなど、できるはずもなかった。そこで東映動画は、テレビCMアニメを大量に制作していた。『白蛇伝』公開翌年の一九五九年には年間三三一本ものテレビＣＭを制作し、映画館で上映されるＣＭも同年五一本制作した。これらのＣＭ制作が日銭を稼ぎ、東映動画全体の運転資金を支えていたのが実態だったと考えられる。

そして時代は、映画からテレビへと向かいはじめた。映画の観客人口は、くしくも『白蛇伝』公開の一九五八年に約一一億二七〇〇万人のピークを形成、以後急激に下降しはじめ、六三年には半数以下の約五億一二〇〇万人まで落ち込んだのである。

3　魔法少女の誕生

テレビアニメへの参入

東映動画の長編アニメは、作画技術やミュージカル挿入などの点でディズニーを手本にしながらも、独自性を追求する姿勢もあった。長編第六作の『わんぱく王子の大蛇退治』（一九六三年）で見せた、日本の古典的絵画を思わせる平面的なキャラクターデザインは、リアリズムを基調とするディズニーとは異なるものだった。

しかし、同じ一九六三年一月一日、手塚治虫が設立した虫プロダクション制作のテレビアニメ『鉄腕アトム』の放送開始は、一九一七年からここに至る日本アニメ約半世紀の中でも最大の衝撃といってよい。

『アトム』については次章で詳しく述べるが、東映動画もさっそくテレビアニメに参入した。同年一一月放送開始の『狼少年ケン』である。しかも、新作の劇場用長編アニメ『ガリバーの宇宙旅行』（一九六五年）の制作を一時中断して、テレビアニメ制作班を編成するほどだった。劇場用長編に特化し、東洋のディズニーとされた東映動画がすぐさまテレビアニメに参入した事実は、いかに『アトム』の影響力が大きかったかを示している。

劇場用長編を年一本制作する体制ではスタジオ維持が難しい。そこに毎週一回放送のテレビアニメという、長編アニメとはまったく違うビジネスモデルが現れ、虫プロ以外の他社も次々とテレビアニメに参入した。流れとしては、東映動画のテレビアニメ参入は自然なものだった。

アニメ史の文脈で、テレビアニメ登場による変化として注目すべきは、作品のジャンル拡大のスピードである。

『アトム』はSF・ロボットものといえるが、同年一〇月から放送されたTCJ制作の『鉄人28号』は巨大ロボットもので、後の『マジンガーZ』などの作品群の先駆けとなった。その後も、宇宙SF、時代劇、そして『オバケのQ太郎』（一九六五〜六七年）をはじめトキワ荘漫画家の作品を原作にした生活ギャグなどが登場した。『アトム』放送開始から二〜三年で、現在も馴染みのあるジャンルが揃ったのである。

東映動画が作り出したジャンルとしては、『魔法使いサリー』（一九六六〜六八年）に始まる魔法少女ものが重要である。

『魔法使いサリー』

魔法少女ものは、文字通り主人公の少女が魔法を使って、その少女が「ヒーロー」的な位置づけでトラブルを解決し、悪役と戦うストーリーパターンだが、このいずれとも、世界的にはあまり例がなかった。

『魔法使いサリー』©光プロダクション／東映アニメーション

特に魔法を使う女性、それは時に魔女であるため、伝統的なキリスト教文化圏では忌避される。実際、海外で放送されていた日本の魔法少女もののアニメが宗教関係者からの抗議で放送できなくなった例もある。

日本では、そうしたタブーはなく、テレビアニメ草創期のジャンル拡大の結果として『サリー』が誕生したわけだが、東映動画で企画された際に問題となったのは、ターゲットとなる視聴者層である。

つまり、少女が主人公の「少女向け」としてしまうと、ターゲットは年少の女の子だけだと理解されてしまう。一九六〇年代半ば、テレビは普及していたが、あっても各家庭に一台だけ、チャンネル権争いになれば、女の子は負けてしまうのではないかとも考えられた。

しかし、当時は女の子向けアニメが一本もなく、また子どもの半分は女の子なのだから、シンプルに言えば子ども視聴率五〇％を目標にできる。また、当時絶大な人気を誇っていたアメリカのホームコメディドラマ「奥さまは魔女」は、夜九時台の放送だったにもかかわらず女の子の視聴者が非常に多く、家庭でのチャンネル権争いは女の子が意外に強いことも、企画段階の調査でわかってきた。

何よりも、魔法という超自然的なものに対する憧れは、男の子だろうが女の子だろうが変わりはない。そして、『サリー』で決定的に優れていたのは、現代を舞台にして、家庭、街角、学校など身近なところにさまざま存在する大人社会の矛盾や不条理を、魔法使いの目線で見つめ直し、ドラマ性を増幅させた点にある。

結果として『サリー』は、性別問わず多くの子どもたちから人気を得て、二年以上にわたる長期放送作品になった。次作の『ひみつのアッコちゃん』以後も魔法少女ものアニメの制作が続き、それは『美少女戦士セーラームーン』、そして『プリキュア』シリーズにまでつながる、テレビアニメ史における東映動画の大きな功績の一つとなった。

魔法少女たちは、欧米的な宗教観や価値観から解放され、子どもたちにとっての社会の窓として、彼ら彼女らの成長にも寄与し、日本アニメ独自のエンタテインメントの主人公として確立したのである。

主軸はテレビアニメへ

一方、東映動画の「一丁目一番地」だったはずの長編アニメだが、『サリー』の頃には曲がり角にあった。

一九六四年七月、「まんが大行進」と銘打たれたプログラムで、東映動画は既存のテレビアニメを映画館で上映した。後の「東映まんがまつり」の原型で、新作の長編アニメではなく、すでにテレビで放送済みのエピソードを選んで映画館にかけるのである。制作費は「ゼロ」で興行収入を確保できるのだから、これは好都合である。以後、長編アニメを公開する際にも、既存テレビアニメの併映が常態化した。

ときには、テレビアニメから派生した劇場用オリジナルのエピソードが制作された。『マジンガーZ対デビルマン』（一九七三年）のように、異なるテレビアニメの世界と主人公を共演させる意欲作も誕生した。しかし、『白蛇伝』以来の劇場用オリジナル長編アニメの位置づけが、次第に変わっていったのは間違いない。

このような中で、東映動画の作品史の中でも大きなターニングポイントになる一九六八年を迎えることになる。

4　宮崎駿と高畑勲の一九六八年

組合活動での出会い

東映動画に労働組合が結成されたのは一九五九（昭和三四）年三月で、『白蛇伝』公開の約半年後である。主に、残業協定の締結などによる待遇の改善を訴えるものだった。実際、一九六一年の段階で、東映本社社員の平均給与は二万一四〇三円、対して東映動画の新卒採用枠社員の平均給与は一万三三七〇円だった（木村智哉『東映動画史論』日本評論社、二〇二〇年）というから、相当に格差があった。

ちょうどこの年の四月に東映動画へ入社したのが、後にスタジオジブリで『火垂るの墓』『かぐや姫の物語』などを監督する高畑勲（一九三五～二〇一八）である。彼は、東京大学在学中に見たフランスの長編『やぶにらみの暴君』に感動した一人で、「（『やぶにらみの暴君』のような）仕事をしよう、と思って東映動画に入ったわけではない」としつつ、就職試験は東映動画しか受けなかったという（『アニメの世界』新潮社、一九八八年）。

高畑は劇場用長編やテレビアニメの演出助手を通じて、「絵は描かないが絵のわかる演出家」（宮崎駿の弁）として、次第に頭角を現した。

そして、『アトム』放送が始まった一九六三年の四月に入社してきたのが宮崎駿（一九四一

〜）である。彼は高校生時代に『白蛇伝』を見てアニメに興味をもち、学習院大学在学中は独学に近い形で絵の勉強を続けながら、児童文学研究会というサークル活動を通じて、自身の世界を構築する術を深めていた。

宮崎はアニメーターとして入社したが、高畑と宮崎とは仕事ではなく、組合活動を通じて交流するようになった。宮崎にとっての組合活動は意義深いものだったらしく、彼は後に「(自分の最終卒業校は）東映動画労働組合。ここで勉強したことが役立っているので」と回想したほどである（「アニメージュ・ポケットデータノーツ」一九八九年二月）。

組合活動は、時として元来の存在意義を逸脱する。労務環境や待遇について労使交渉を経て改善していくのではなく、活動そのものが目的化・先鋭化することもある。そのため、活動に身を投じる者もいれば、活動から距離をとり、あるいは離脱する者もいる。東映動画の組合活動やその空気に見切りをつけて、コミュニティを離れた者の何人かは、虫プロの設立に参加した。

高畑勲と宮崎駿は、テレビアニメ制作に偏向する東映動画に対して、自分たちの作りたい作品への意識を高めていく。そのベースには、労働組合を通じて形成された共闘、団結の精神があったと考えられる。

ここに、一つの企画案が立ち上がる。それが、東映動画長編アニメ第一〇作目になる『太陽の王子 ホルスの大冒険』（一九六八年七月公開）だった。

『太陽の王子』

東映動画労組の幹部も務めたアニメーターの大塚康生《おおつかやすお》（一九三一～二〇二一）の回想（『作画汗まみれ 増補改訂版』徳間書店、二〇〇一年）によれば、一九六五（昭和四〇）年三月五日、大塚は企画部から長編第一〇作の作画監督に指名された。そして大塚は企画部に対して、高畑勲を監督に推薦した。高畑にとってはこれが長編アニメ初監督である。

テレビアニメ隆盛期に入って、若手がメインスタッフとして本格的な長編アニメを制作するのは、これが最後になるかもしれないとの危機意識と、だからこそ自分たちの作りたいものを作る野望が絡みつつ、『太陽の王子』の制作が始まった。

ストーリーは、巨大な岩男のモーグから太陽の剣を託された少年ホルスが、悪魔グルンワルドの呪いに満ちた世界を変えるべく旅に出るところから始まる冒険ものである。しかし、従来の長編アニメと比べて、かけ離れた仕上がりになった。

まず、作中に登場する村（コミュニティ）である。村長を中心とした寒村だが、村人たちの視線は一様ではなく、お互いが疑心暗鬼になっている。そこへ入り込んだホルスは、村人たちからよそ者として疎外され、やがて敵視されていく。アニメの主人公＝ヒーローであるはずのホルスが、村人から罵声や投石を浴びるシーンは衝撃的でさえある。その中でも少数の理解者を得たホルスは、グルンワルドに立ち向かう術を探そうとする。

そして、少女ヒルダの造形である。天涯孤独だと告白するヒルダと出会ったホルスは、彼女を村へ連れ帰るが、実は彼女は悪魔グルンワルドの妹だった。ホルスたちと交流し、村人の愛情にも触れたヒルダは、悪魔の心と人間らしい心との二面性をもち、そのことに苦しむヒロインとして描かれていく。

『太陽の王子 ホルスの大冒険』©東映

複雑な状況設定や二面性をもつヒロイン、ユーモア皆無で子ども向けとは言い難いストーリー、エゴイズムが渦巻くコミュニティ、そして力の弱いもの同士の団結による理想の追求など、旧来の冒険譚や勧善懲悪とは明確に一線を画した、当時としてはきわめて斬新な野心作であり、高畑勲を中心とした制作チームの活力に満ちた長編アニメだった。ちなみに宮崎駿は、ほぼ新人のアニメーターに過ぎなかったが、作品の舞台やシーンを描いたイメージボードを次々と制作陣に持ち込み、いつのまにか本作のメインスタッフになって、「場面設計」の役職名が与えられた。

一九六八年

本作が公開された一九六八年は、言うまでもなく昭和史の重要な転機になった年であり、市民運動が世界的に盛り上がりを見せた年でもある。

五月、パリでは学生が蜂起して労働者も加わった大規模なゼネストに入り、アメリカでは泥沼化したベトナム戦争から反戦運動が熱を帯びた。日本では全共闘による大学紛争が激烈化、翌六九年一月の東大安田講堂攻防戦に至る。

この時期の運動の末には、結局めぼしいものは残らなかった。パリの五月革命に象徴されるように、学生と労働者が同じデモに集いながらも、若者は生き方や将来像、そして世界全体がテーマだったが、労働者はいま必要なお金がテーマだった。自発的で自由な運動ではあったが、それが自由だったからこそ、その運動には見た目ほどの影響力はなかった。その結果、どの運動も短期間で終息し、総括されず、また責任の所在は顧みられなかった。こういう捉え方に異論があるとすれば、それは個々人の記憶の継承の問題である。

高畑勲や宮崎駿らによる『太陽の王子』では、時間をかけてじっくりと長編アニメを作る理想主義と、テレビアニメ主体に効率的なアニメ制作を目指す経営側の現実主義とが対立した。

実際、六五年春から準備が始まった『太陽の王子』の制作は遅延し、その非効率に業を煮やした経営側によっていったん制作中断に至った。その後再開されるが、六八年七月に公開された本作は、大塚康生の回想によれば「当初七〇〇〇万円の予算が一億三〇〇〇万と倍近く」かかり、「興行成績はそれまでの長編漫画の最低を記録してしまった」という。大塚の興行成績の弁は主観であり、「興行年鑑」など客観的データから見れば、さほどの不振ではないとの見解もある（木村『東映動画史論』）。

一方、大塚のいう「（本作に）もりこまれているテーマ、団結や村人内部の矛盾、ホルスの悩み、ヒルダの迷い等は、すべてが高校、大学生くらいの年齢を対象として設定されていることが不振の最大の原因」は、注目すべきである。

日本のアニメは、いまでこそ子どもから若者までが楽しみ、ときには中高年も映画館に足を運ぶほどの大衆文化になっているが、当時は小学生くらいまでの子ども向けの娯楽だった。『太陽の王子』が意図した観客が、封切館に集まることはなかった。

中高生以上の世代がアニメの観客として顕在化したのは、『宇宙戦艦ヤマト』『機動戦士ガンダム』がヒットする一九七〇年代半ば以降である。しかし、『ヤマト』も『ガンダム』も小学生程度の子どもたちから親しまれており、旧来のアニメの役割を引き継いでいた。

はっきりとヤングアダルトに向けて制作され、それが社会現象として捉えられて、以後のアニメに影響を与えたとなれば、やはり一九九五年の『新世紀エヴァンゲリオン』を待たねばならない。『太陽の王子』は、四半世紀早かったといえるかもしれない。

『太陽の王子』には、以後のアニメ界への連続性を見出せない。東映動画の長編アニメは『長靴をはいた猫』（一九六九年）、『どうぶつ宝島』（一九七一年）など、従来の子ども向けの娯楽に戻ったし、上映時間七〇分を超える規模の長編が制作されない年も続いた。それは、東洋のディズニーとしての長編アニメ史が途切れたことを意味していた。

『太陽の王子』について語るなら、むしろこの「途切れ」に注目すべきである。スタジオ内で二つのイデオロギーが衝突して、その衝突に加担した当事者には、自意識を含めて深く記憶に残るが、アニメ界の潮流には直接の影響を残さなかった。『太陽の王子』は孤立した長編アニメなのである。

もっとも、テレビアニメ主体の体制を固定化させた東映動画は『魔法使いサリー』以後も、『マジンガーZ』(一九七二〜七四年)、『キャンディ・キャンディ』(一九七六〜七九年)など、その年代を代表するテレビアニメを数多く生み出しており、これを忘れるべきではない。

いったん孤立した『太陽の王子』も、後に高畑勲や宮崎駿が台頭して、彼らが関わった作品として再評価された。リアルタイムで本作を見たファンの回想も聞かれるようになった。画期的な野心作ではあるが、八二分の本編には描写不足、妥協の痕跡も見つかる。団結や共闘など、作品に盛り込まれたテーマと類似した様相が制作中のスタジオにあり、世界中で市民運動が盛り上がっていた一九六八年に公開された偶然も重なって、記憶が継承された。

高畑勲と宮崎駿は、共に一九七一年夏に東映動画を辞めた。いったん途切れたような形になった東映動画の長編アニメの伝統は、結果的にスタジオジブリに引き継がれ、東映動画育ちの二人が、それぞれ独創的な長編アニメを送り出していく。孤立した存在の『太陽の王子』が、日本アニメ史における記憶の継承から脱却し、具体像を獲得するためには、スタジオジブリの存立が必要だった。

一九六八年の東映動画の熱気がジブリに引き継がれるまでには、二〇年近くを要している。それほどの長期間を経ての引き継ぎが可能だったのは、その間の日本のアニメが商業的に存続したからであり、その持続システムとしてのテレビアニメが定着したからである。

だからこそ、東映動画設立の約五年後に発足した虫プロダクションが、東映動画の長編とは対極的なテレビアニメを創始しながらも、この両者が「両輪」として未開の地を切り拓き、日本アニメ史のメインストリートを形成したと言えるのである。

第4章 1963年 空を越えて

『鉄腕アトム』
毎週1回・1話30分・連続放送の形式は
日本アニメの原点になった。

1　アニメを作るために漫画を描いた

手塚治虫の野望

すでに述べたように、日本のアニメ界はテレビ放送が始まった一九五三年から「戦後」に入った。そして、東映動画が長編アニメを制作するようになって「近代」に差し掛かった。その近代をさらに進め、現代のアニメに直接、そして密接につながるのが、テレビアニメシリーズ『鉄腕アトム』である。

手塚治虫（一九二八〜八九）が率いる虫プロダクションは、一九六一（昭和三六）年六月に発足した手塚治虫プロダクション動画部が前身である。翌年一月、アニメーション制作のための新会社名を虫プロダクションと定め、一二月に株式会社となった。『アトム』放送開始の約一年前のことである。

手塚は幼少の頃からディズニーファンで、成人しても『白雪姫』などの長編を繰り返し見ていた。戦後まもなく漫画家としてデビューし、『ジャングル大帝』（一九五〇年連載開始）で評価は不動となる。しかし、彼の本望はアニメで、「アニメを作るために漫画を描いた」、つまり漫画で稼いで、それを元手にアニメ制作に進むと公言したほどだった。

こうしたことから、手塚はディズニーに憧れ、ディズニーのような長編アニメを目指したとされるが、まったく逆といってもよいテレビアニメに向かった。彼は虫プロ設立前、次のように語っている。

　ディズニーの作品は、一言にしていえば、絵ばなしです。文学で言えば、あまりに児童文学的です。ぼくは、ディズニーを足場にして、内容的にもう一歩越す自信がある。（中略）ディズニーは、小さな作品にも一本七億円から八億円の製作費をかけています。東映でも三、四千万円かけます。製作に参加する人員だって、三百人くらいです。ぼくには、とてもそんな余裕はない。しかし、ぼくは、マルチプレン・カメラのような大仰な撮影機械を使わなくても、十人くらいの助手とともに、独特な作品を作る自信があります。

（「週刊コウロン」一九六〇年五月一七日号）

マルチプレン・カメラとは、アメリカのフライシャー・スタジオで開発され、ディズニーが効果的に使った、画面に奥行きをつける特殊な撮影装置である。日本でも東映動画がいち早く

している のだ。

導入した。手塚はそんな「大仰な撮影機械」を使わない、それ以前に「そんな余裕はない」としているのだ。

実は、この少し前に、手塚は東映動画の長編第三作『西遊記』（一九六〇年）の制作に参加している。手塚の漫画『ぼくのそんごくう』が原作で、彼はアニメ化のための再構成を東映動画から依頼された。しかし、大喜びの手塚は東映動画に日参してイメージボードを描き続けたため、連載中の漫画の執筆が滞って出版社から抗議され、やむなくスタジオを離れた。それが原因だったのか、作品の仕上がりは手塚の思い通りにはならなかった。

また、東映動画には職人気質があり、絵を描くアニメーターの存在感や発言力が強かった。東映の伝統的な活動屋の気風をまとっていたともいえる。このため、手塚が「漫画の神様」であったとしても、アニメの素人に何ができるものか、といった視線が手塚に注がれていた。

先の手塚の発言は、こうした経験を経てのものである。手塚はディズニーに親しみ、制作技法を熟知していたが、同時にそれを自分で実現するのがどれだけ困難かも理解していた。そして実際、東洋のディズニー・東映動画で長編アニメ制作の難しさを体験した。

しかし、そもそも動かないものを動かすアニメーションの本質からすれば、ディズニーはその可能性の一方向を拡大したに過ぎない。ディズニーが手をつけなかったアニメーションの未来は、まだ十分にあり、それを自分は目指すべきだし、またそれは可能である、手塚はそんなふうに考えたのではないか。

それでも『アトム』とは、まだ相当に距離がある。

『アトム』以前の国産テレビアニメ

一九五〇年代、日本のテレビではアメリカ製のテレビアニメが多数放送されていた。当時の新聞のテレビ欄には単に「漫画」としか書かれていないことも多かったが、六〇年代に入ると、『珍犬ハックル』『宇宙家族』『恐妻天国』などのタイトルが並ぶ。『アトム』放送開始一年前の六二年一月になると、一週間で約四〇本もの海外アニメーションが放送されていた。『アトム』以前から、日本ではテレビアニメが溢れていたのである。この点を抜きにして、『アトム』放送の意味は考えられない。

そして、『アトム』以前の国産テレビ用アニメも、いくつかある。『もぐらのアバンチュール』は、日本テレビが製作したカラーによる九分弱の短編アニメだが、長らくカラー化の実験用の試作品で、未放送とされてきた。しかし近年、少なくとも一九五八（昭和三三）年七月一四日、および一〇月一五日に放送された可能性が高く、しかもフィルム現物も見つかった（「WEBアニメスタイル」二〇一三年六月二一日）。試作品だったとしても商業放送に供されており、本作が日本初のテレビアニメで、かつカラー作品となる。技法は切り紙アニメーションだった。

『新しい動画　3つのはなし』は、一九六〇（昭和三五）年一月一五日にNHKで放送された作品で、「第三のさら」「オッベルと象」「眠い町」の三話で構成され、技法はやはり切り紙アニメーションだった。『もぐらのアバンチュール』のように試作品ではないため、本作が初めて商業制作・放送された日本のテレビアニメともいえる。

NHK「みんなのうた」で、アニメーションによる第一作『誰も知らない』の放送は一九六一年四月である。これもテレビアニメの一類型であろう。

『インスタント・ヒストリー』は、一九六一年五月一日から一七時台に毎日放送される帯番組として制作された。一回の放送は約三分の短編で、映像も現存している。翌一九六二年六月から『おとぎマンガカレンダー』とタイトルを変え、六四年七月まで放送されたが、これが『アトム』に先立つ国産のシリーズもののテレビアニメである。

制作は、漫画家の横山隆一《よこやまりゅういち》が主宰していたおとぎプロダクションで、規模は小さいながらも、短編アニメーションやCMアニメーションを制作していた。

そして、『アトム』以前のテレビアニメか否かの議論になっているのが、一九五七年一〇月から日本テレビで放送されていた『漫画ニュース』と題する帯番組である。コマ撮りとまでは言えないものの、当時の関係者の証言から、簡易に絵を動かしていたとの説がある（高橋浩一郎「〝テレビアニメ〟の源流を探る」、「放送研究と調査」二〇一八年一〇月号）。

現在のところ本作の映像は確認されておらず、使われた技術に関する確実な記録もない。『もぐらのアバンチュール』の前年に放送されているため、コマ撮り作品だと確認できれば、これが日本初のテレビアニメになる可能性がある。

2 常識破りのテレビアニメシリーズ

虫プロに集まったスタッフ

虫プロ設立に関わったアニメ監督の山本暎一《やまもとえいいち》(一九四〇～二〇二一)が、手塚治虫のアニメ制作スタジオ設立の計画を知って、初めて手塚を訪問したのは一九六〇年秋である。山本は当時、おとぎプロダクションのアニメーターだった。

この時手塚は、実験的なアニメーションを作るのがスタジオ設立の目的だと語り、山本を若干戸惑わせた。しかし同時に大衆娯楽作品も目指し、さらにはテレビに興味があり、アメリカ製テレビアニメのようなショートギャグではなくストーリーを表現したいと、手塚は語ったという。ディズニーとは違うアニメを目指す手塚の構想は、この時点でも健在だった。

虫プロは第一作として実験的なアニメーション『ある街角の物語』の制作に入った。メンバーには山本暎一のほか、東映動画で『白蛇伝』のアニメーターだった坂本雄作《さかもとゆうさく》(一九三二～二〇〇六)が入っていた。数ヵ月後には、やはり東映動画のアニメーターだった紺野修司《こんのしゅうじ》(一九三三～二〇一三)、同じく東映動画のアニメーターで、後に『タッチ』『銀河鉄道の夜』などを監督する杉井儀三郎《すぎいぎさぶろう》(ギサブロー、一九四〇～)が加わった。

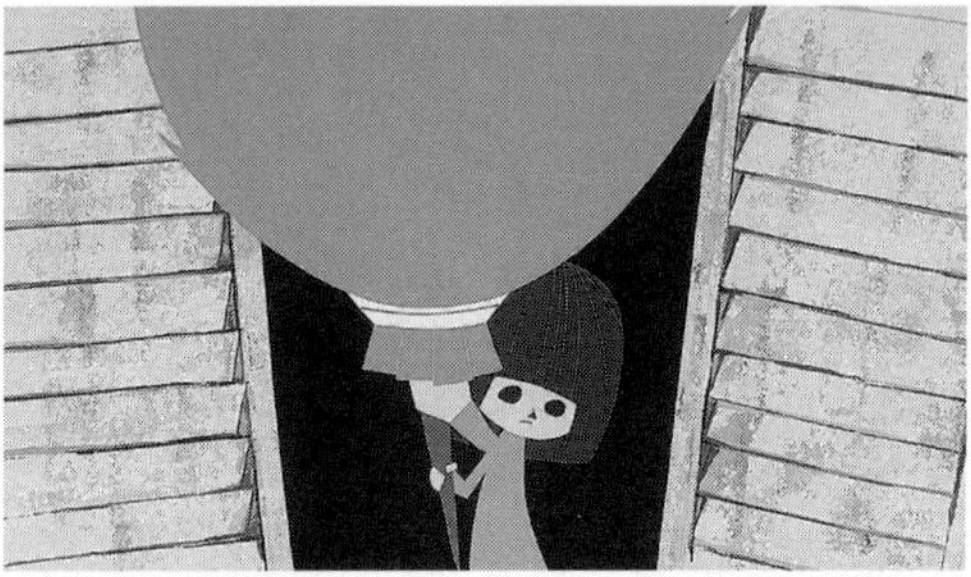

『ある街角の物語』　©手塚プロダクション

この後、林重行《はやししげゆき》（りんたろう、一九四一〜　）、後に劇場版『銀河鉄道999《スリーナイン》』を監督）も東映動画から合流したが、彼らには共通点があった。坂本雄作は、「（『白蛇伝』の頃は）自由があってよかったけど、いまはあかん。管理管理とうるそうなった。（中略）最近できた組合活動いうのも、ついていけん」と語ったという（山本暎一『虫プロ興亡記』新潮社、一九八九年）。もともと演出家志望で東映動画に入ったりんたろうは、東映は大卒でないと演出家になれないと知って、虫プロへ移った。つまり虫プロには、東映動画に何らかの不満があって抜け出したスタッフが集まっていたのである。

手塚の原案で制作が始まった『ある街角の物語』は、テレビ放送や劇場公開を前提としない自主制作である。商業制作に入る前に、ひとまず虫プロの名刺代わりの作品をと考えたのだ。

内容は、異国の香りがするどこかの街角。アパートの一室には熊のぬいぐるみを大切にする少女、屋根裏にはネズミの一家、街路樹のプラタナス、消えかかった街灯の周りを飛びまわるイタズラ好きの蛾、そして壁に貼られたポスター群。そんな街のキャラクターがそれぞれの時間を過ごしていたが、やがて戦火が忍び寄り、街は炎に包まれる。

全編三八分、セリフはなく、街の片隅の小さな物語を組み合わせた内容だった。そして技法はセルアニメだが、絵の動きは、リミテッドアニメーションを徹底して使った。

フルアニメーションとリミテッドアニメーション

セルアニメなど描画系アニメーションの作画法には、フルアニメーションとリミテッドアニメーションがある。フルアニメは、キャラクターの全身を豊かに動かして表現する作画法、一方のリミテッドアニメは、たとえば口だけパクパク、眼のまばたきのように、身体の一部分だけ動かして表現する作画法である。

また、映画フィルムは二四コマで一秒だから、アニメーションも二四枚の絵（動画）を描いて一秒の映像を作ることになるが、これは非常に手間がかかる。このためディズニーの時代から、一秒あたり一二枚の絵を描く手法（つまり二コマで一枚。これを「二コマ打ち」という）が確立し、東映動画の長編でもこれに倣った。

一方のリミテッドアニメは、部分的な動きで表現しようとする作画法で、一般的にフルアニメよりも作画枚数は少ない。

リミテッドアニメは、一九五〇年代アメリカのUPA（United Productions of America）に所属するアニメーターが効果的に使いはじめた。ディズニーがフルアニメによる緻密な作画でリアリズムを目指したとすれば、UPAのアニメーターは動きを意図的に作り変え、デフォルメして、新たな「動きの快感」を目指したのである。

ところが、リミテッドアニメは絵をあまり動かさない手抜きの技術としても使われるようになった。一九六〇年代アメリカのテレビアニメで頻出し、日本でも初期のCMアニメなどでは、手抜きかどうかは別にして、リミテッドが使われた。

繰り返すが、リミテッドはもともと手抜きの技術ではなく、動きを様式化した新しい表現である。

虫プロ第一作の『ある街角の物語』は一九六二年九月に完成し、一一月五日の虫プロダクション第一回作品発表会で上映された。ストーリーらしきものはあるが、リミテッドを様式的に多用した実験作である。虫プロスタッフらが考えていたよりも評価は高く、毎日映画コンクールに併設された第一回大藤信郎賞などを受賞した。大藤信郎賞は現在まで続く、その年の優れたアニメーションに贈られる賞である。

そしてこの第一回上映会では、もう一本の注目作も上映された。それが、テレビアニメ『鉄腕アトム』第一話だった。

毎週・一話三〇分・連続放送

『鉄腕アトム』で画期的だったのは、「毎週一回・一話三〇分・連続放送」という形式である。

毎週決まった曜日に三〇分枠で放送されるテレビアニメは、当時世界的にほとんど例がなかった。欧米のテレビアニメは一話五～一〇分程度と短く、その多くがショートギャグである。一話一〇分では、複雑なストーリーやキャラクターの心理描写は困難だが、子ども向けのシンプルな娯楽が定番だった欧米では、そもそもそんな野心はなかった。一話三〇分は、キャラクターの喜怒哀楽など心理描写を盛り込みたかった手塚治虫の意図が込められたものだった。

日本では一話三〇分が主流になり、その一話が次回へ続いて、半年以上をかけて壮大なドラマが描かれるテレビアニメも出現した。現在でも、毎週数十タイトルものテレビアニメが同じ形式で放送されていることを考えると、『アトム』がその後の日本アニメを決めてしまったともいえるわけである。

その『アトム』放送に至る虫プロの試行錯誤は、次のようなものだった。

まず、そもそもテレビアニメとして何を作るかである。誰もが考えたのは、設立者たる手塚の漫画を原作にした作品だった。いくつかの候補は挙がったが、当時から手塚の代表作で、人間の心をもったロボットのアトムを通じて科学技術の危うさや矛盾を描いた『アトム』に落ち着いたのは自然な流れだった。

次に、毎週一話三〇分で放送するとして、それをどう作るかである。設立時の虫プロは東映動画出身者が中心で、フルアニメ派が大半だった。山本暎一はおとぎプロでリミテッドアニメを身につけていたが、ともかくフルアニメで、アニメーター一人あたりの平均的な作業量（動画の枚数）を加味して毎週三〇分のフィルムを作るとなると、実に六六〇人以上のアニメーターが必要だとわかった。ベテランと新人合わせて十数名のアニメーターしかいなかった虫プロでは、どう考えても無理である。

そこでフルアニメを捨ててリミテッドアニメを採用すること、また三〇分（CMなどを除けば実質約二五分）のアニメを制作するために何人が必要かではなく、現有のアニメーター陣が一週間で描ける枚数で、どうやって「動いているように見せるか」を考えた。

その結果、一話あたりの動画枚数は一五〇〇〜一八〇〇枚と決まった。これは当時の常識からして十分の一以下の枚数である。そのかわり、動いていない絵のカメラワークを工夫する、単純な歩きや飛行など繰り返し使える動画をストックして何度も兼用する（これを「バンクシステム」と呼んだ）、一カットあたりの時間（秒数）を短くしてスピーディーな展開にするなど、さまざまな「見せ方」が考案された。

そして最後に制作費である。『アトム』一話の制作費として虫プロが受け取ったのは五五万円だった。実際には二五〇万円はかかっており、放送局はもっと出せたというが、手塚がそういう超廉価に決めたのである。普通なら値上げ交渉をするのが手塚の役割のはずだが、手塚は値上げどころか「値下げ」したことになる。

手塚の胸中には、当時の子ども向けテレビ番組の制作費を考えると五五万円が妥当で、かつそれだけの廉価で制作すれば他社が追随できずテレビアニメを独占でき、虫プロスタッフをもってすれば、それは可能だとの目算があった。

『アトム』放送前年の秋、手塚は「ボクのところのこの方式ならふつうのテレビ・ドラマなみの制作費で作れます。五、六十万円ですか？　いや、その辺はご想像にまかせます」ととぼけてみせ（「東京新聞」一九六二年一一月一九日付）、第一話放送直後には「正直いって第一話は、試作費をふくめて百三十万円、第二話が九十万円と、たいへんな赤字です。だが、だんだん安くできるようになりますよ。一クール（十三週）おわるころには、契約の六十万の線にいくでしょう」などと、わざわざ制作費を明かしている（「サンケイ新聞」一九六三年一月四日付）。

この手塚の姿勢と、あまりに安すぎる制作費は、この後手塚が批判される元凶になるのである。

3　『鉄腕アトム』がもたらしたもの

テレビアニメの急増

『鉄腕アトム』第一話の視聴率は二七・四％で、きわめて好調なスタートだった。放送開始から約一年半後の第八四話「イルカ文明の巻」は四〇・七％を記録した。

『アトム』を見た東映動画の大塚康生は、「「あれじゃ誰も見ない」と思うほどのぎこちない動かし方」で、「アニメーションは動かすものだ（中略）と信じていた私たちにとっては到底受け入れ難い」と批判した。

しかし、視聴率に反映されたように、観客は受け入れた。日本では『アトム』放送前からアメリカ製アニメが多数放送され、リミテッドアニメによる「動かないアニメ」も多かった。似たような技法のCMアニメも放送されていた。つまり、日本のアニメが『アトム』を境にして質が変わったというのは俗説である。

そして、手塚が制作費を公言したため、手間もコストもかかるテレビアニメの国産化は困難と考えていた制作業界に波紋が広がり、次々と他社がテレビアニメに参入した。

まず、テレビCM用アニメ制作のTCJが、六三年九月から『仙人部落』、一〇月から『鉄人28号』、さらに一一月から『エイトマン』、実に三つのテレビアニメの放送を開始した。『鉄人28号』は横山光輝《よこやまみつてる》の漫画が原作で、巨大ロボットものの先駆け的作品だが、注目すべきは『仙人部落』である。小島功《こじまこお》の大人向けの漫画が原作で、放送は二三時四〇分からの一五分間だった。深夜放送帯のアニメは二〇〇〇年代に入って急増したが、放送枠に関する限り、その第一作は『アトム』と同年だったのである。

次に、東映動画の『狼少年ケン』は六三年一一月から放送開始、翌六四年の一月からはピー・プロダクション（ピープロ）制作による『0戦はやと』の放送が始まった。ピープロは、漫画家のうしおそうじが一九六〇年に設立した映像制作会社で、『アトム』に刺激されてテレビアニメに参入した。

六四年八月から放送されたのが『ビッグX』で、原作は手塚治虫の漫画だが、制作はテレビアニメ参入を目的に新設され、後に『ルパン三世』を手がける東京ムービーだった。創業者はそれまで人形劇団を主宰していた藤岡《ふじおか》豊《ゆたか》（一九二七〜九六）で、アニメには無縁だった。

六五年五月放送開始の『宇宙エース』は、タツノコプロのテレビアニメ第一作である。後に『タイムボカン』シリーズを手がけるタツノコは、漫画家の吉田《よしだ》竜夫《たつお》（一九三二〜七七）が漫画執筆の工房として設立したが、やはり『アトム』成功の流れの中でテレビアニメに参入した。

『アトム』放送開始からちょうど一年後の六四年一月、テレビアニメは週九タイトル、六五年一〇月には一二タイトルもの放送数になった。

タイアップ商品のヒット

『アトム』はまた、現在では当たり前になったアニメに付随するビジネスを興した。

まず、オープニングの主題歌である。子ども向けのテレビ番組の主題歌には『月光仮面』（一九五八〜五九年）など先行例はあるが、『アトム』主題歌を収録したソノシート付きの「鉄腕アトム・第一集」は一二〇万部を売り上げたという。谷川《たにかわ》俊太郎《しゅんたろう》作詞、高井《たかい》達雄《たつお》作曲の主題歌は現在でも我々の耳に馴染み、以後、テレビアニメの主題歌は「アニソン」として、ときには本編のアニメから独立し得るポップカルチャーになった。

『アトム』のスポンサーとなった明治製菓の看板商品の一つ、マーブルチョコの発売は『アトム』放送開始の二年前である。当時は子ども向け菓子商品の販売競争が激烈で、トップメーカーの森永製菓がよく似たコンセプトの菓子「パレード」を発売すると、それまでマーブルが糖衣チョコの九割を占めていた市場シェアが三割にまで落ち込んだという。

偶然にも『アトム』のスポンサーだった明治製菓は糖衣チョコの市場を取り戻すべく、六三年七月、マーブルチョコのフタ二枚を送るとアトムシールがもらえるキャンペーンを実施した。すると、連日数万通もの応募の封筒が届き、一〇〇人以上のアルバイトを雇ってさばいた（社内報「メイカ」第九巻第八号、一九六三年八月）。翌年三月から、アトムシールは「おまけ」としてマーブルチョコに封入されることになり、人気アニメとタイアップする菓子、そしておまけというビジネスモデルの先駆けとなった。

そして、『アトム』の最大の成果は、人気漫画のテレビアニメ化である。連載中の人気漫画をアニメ化すれば、その漫画の読者はアニメの視聴者となる。一方、アニメで初めてその作品に接した視聴者は、原作漫画の新たな読者になり得る。アニメと漫画、視聴者と読者との双方向性が明瞭になり、後続のテレビアニメに活かされた。

一人歩きする「一話五五万円」

『アトム』を語る際、超廉価だった制作費の問題は避けられない。手塚治虫の独断に近い形で、制作費を一話五五万円で契約した前例が、現在までアニメ制作費を安く抑え、制作現場の劣悪な労働の元凶になったとさえ言われてきたからである。しかしこの制作費は、数字が一人歩きした側面もある。

まず、約四年間・全一九三話放送された『アトム』は、その期間ずっと一話五五万円だったのではない。当時の虫プロスタッフの証言によると、話数を重ねる中で徐々に上積みし、最終的には一話三〇〇万円程度までになっている。また、一九六五年一〇月放送開始のテレビアニメ『ジャングル大帝』では、制作現場に投入される予算は一話二五〇万円で管理された。

さらに、『アトム』の当初契約一話五五万円は、あまりにも安すぎるとして、手塚には告げない形で虫プロの事務方が再協議し、代理店（萬年社《まんねんしゃ》）が一話あたり一〇〇万円を補塡して、合計一五五万円で制作していたとの証言もある。

手塚の口から「一話五五万円」が世間に流布した結果、テレビアニメは安く作れるとの話が当時どこまで真実味をもって理解されたかは明らかではない。だが、事実として『アトム』以降テレビアニメに参入する制作会社が続々と現れた。

それでも、『アトム』以来半世紀以上を経た現在まで、安い制作費の原因を手塚に押しつけるのは、話を飛躍させすぎている。自社が制作する作品の価値を認識し、それを権利として獲得することは、後続のアニメ制作会社にも課せられていたはずである。そういう後続他社の努力の欠如、もしくは変えられなかった責任を問う声は、なぜか小さい。

東洋のディズニーとして劇場用長編アニメ制作を軌道に乗せた東映動画の仕事は、ディズニーの『白雪姫』公開からは約二〇年を隔てて、日本のアニメ界を近代に導いた。

一方『鉄腕アトム』は、何かに追随したというよりも、発想の転換で新しいアニメの形を示し、世界的視野から見た日本のアニメの独自性を追求するきっかけを作った。

そして、本格的にディズニーの方法を取り入れた東映動画は技術的モダニズムを日本のアニメ界にもたらし、商品としてのアニメを形成した虫プロは産業的モダニズムをもたらしたと言い換えることもできるだろう。

4 もう一つの挑戦——草月ホールと実験アニメーション

手塚治虫が虫プロを設立した目的には、実験的なアニメーション制作があった。虫プロは作家意識のある者が集い、それぞれが独創的な短編アニメーションを作る「場」であると、手塚は考えた。アニメはあくまで集団作業であり、個人の作家性の主張を是としない東映動画とは、ここが違っていた。

実験アニメーションとは

まず、そもそも実験アニメーションとは何か。明確な定義はないが、アニメーション技術を使って、その時代の常識を破るような実験が試みられた作品、ということになる。多くの場合数分の短編で、娯楽のベースになるようなストーリーやキャラクターは避けられる傾向がある。スポンサーや観客などを気にせず、自分の芸術表現として作りたいものを形にする姿勢が大切にされる。

一九五〇年代、実験アニメーションをめぐる国内事情で大きかったのは、海外から多くの実験的、また芸術的なアニメーションが紹介されたことである。カナダの実験アニメーション作家で、世界的に大きな影響を与えたN・マクラレンの作品は、代表作『線と色の即興詩』（一九五五年）などが公開され、秋山邦晴《あきやまくにはる》、瀧口修造《たきぐちしゅうぞう》、花田清輝《はなだきよてる》など多くの批評家が注目した。当時は、アニメーションがこうした批評の対象になること自体が珍しかった。

こうした中で、漫画家・イラストレーターの久里洋二《くりようじ》、柳原良平、真鍋博《まなべひろし》の三人が「アニメーション三人の会」を結成し、それぞれが短編アニメーションを自主制作して、一九六〇（昭和三五）年一一月二六日、東京・赤坂の草月《そうげつ》ホールで第一回上映会を催した。

草月ホールでは、一九五八年夏から「草月アートセンター」と銘打って、前衛的な映画の紹介が始まった。その後、音楽、舞踏、絵画、文学まで幅広い分野の若い芸術家が集まり、例会を開いて作品を発表しあったり、批評に供したりした。草月アートセンターが一九六〇年代の日本の前衛芸術の発信地として果たした役割は大きかった。

この場を選んだ久里洋二ら三人の会メンバーは、柳原良平だけがＣＭアニメーション制作の経験があったものの、他の二名は未経験だった。しかし、アニメーションは子ども向けの漫画映画だとの既成観念を打ち破ろうとする意欲は共通していた。

リーダー格の久里洋二は、リミテッドアニメーションによる動きの面白さを追求しながら、社会や世相、男女の問題などを風刺的に、強いカリカチュアによって表現した。第二回上映会で発表した久里の『人間動物園』(一九六二年)は、動物園の檻に入っている男女、といってもおおむね男性が女性から虐げられているように見える様相だが、これを二分間で表現した作品である。海外の映画祭で相次いで受賞し、久里洋二の名はこれ一作で記憶されたような形になった。

『人間動物園』©Yoji KURI / 久里実験漫画工房

草月の上映会には手塚治虫も観客として来ていた。手塚の回想によれば、久里洋二から「あんたが作るのを待ってるぜ」と言われたというが、これが手塚の実験アニメーション制作の動機になったわけではない。三人の会の上映より前から、彼は実験アニメーションのプランを周囲に話しているからである。ただし、負けず嫌いの手塚であれば、三人の会の活動が刺激になった可能性は大いにある。

実験作品か金儲けか

虫プロ第一作は、すでに紹介した実験的なアニメーション『ある街角の物語』で、これは一九六二年一一月五日の虫プロの第一回作品発表会で上映されたが、もう一本、手塚は『おす』という三分の短編アニメーションを発表している。

これ以後も手塚は『人魚』（一九六四年）、『しずく』（一九六五年）などの短編アニメーションを発表していく。このうち『人魚』は、手塚がほぼ単独で制作した作品だが、輪郭線だけで描かれたキャラクターを使って、手塚らしいセンチメンタリズムに溢れる佳品になった。『展覧会の絵』（一九六六年）は、ムソルグスキーの同名の楽曲を使った実験性の強い約四〇分の大作である。一〇本のエピソードによるオムニバスで、手塚は全体の構成を行い、各エピソードは複数のアニメーターに分担させた。

つまり、手塚の実験アニメーションは、『ある街角』や『展覧会の絵』のような共同作品と、『人魚』のような単独作品とに大別できる。共同による規模の大きい実験アニメーションは、世界的にも例が少ない。

『アトム』以降は激務を極めた虫プロで、こうした実験アニメーション制作の余裕があるはずもない。しかし手塚は方針を変えなかった。なぜなら、そもそも虫プロを作った目的が、実験アニメーションと商業アニメとの両立だったからである。手塚にとっての虫プロは「作家集団」であり、実際に彼は個人制作を続け、草月ホールにも出品した。

しかし、個人制作をまったくやろうとしない他のスタッフに対して、手塚は不機嫌になり、あるとき虫プロ全社員に次のようなアンケートを行う（前掲、『虫プロ興亡記』）。


「どちらかにマルをつけてください。
1　虫プロは、これからも、実験作品をつくるのを目的にしていく。
2　金儲けのプロダクションにする。」

山本暎一によると、ほとんどのスタッフは手塚の真意をつかみかねて、圧倒的多数で「1」は否定されたという。

5　反手塚から生み出された『あしたのジョー』

スポ根アニメの人気

手塚治虫が虫プロの方向性を問うアンケートを実施したのは一九六六（昭和四一）年秋頃で、『鉄腕アトム』放送開始から四年近くが経ち、他社によるテレビアニメも増えていた。

虫プロの悩みは、今後もテレビアニメを続けていくとして、あくまで手塚治虫原作のテレビアニメで通すか、他の原作や企画をアニメ化するかの選択だった。この頃までの虫プロのテレビアニメシリーズは、放送順に『鉄腕アトム』『ワンダースリー』『ジャングル大帝』『悟空の大冒険』『リボンの騎士』で、すべて手塚の漫画が原作である。

一方、虫プロ社員は四〇〇人以上にも膨れ上がり、手塚漫画のアニメ化だけではスタジオを維持できないと考えたグループができていた。彼らはいつも火曜日にミーティングを開き、「火曜会」と名乗っていた。

つまり当時の虫プロは、手塚が問うたような作家性か商業主義かを選択する段階ではなかった。商業主義は大前提で、その上で手塚漫画にこだわるか否かという選択だったのである。

一九六八年二月、テレビアニメ『わんぱく探偵団』の放送が始まった。江戸川乱歩《えどがわらんぽ》の「少年探偵団」を原作にした、虫プロで初めての手塚漫画以外の原作のアニメ化作品である。さらに同年四月から、レスリングに打ち込む少年が主人公の『アニマル1《ワン》』（川崎《かわさき》のぼる原作）が放送された。どちらも虫プロとしての新機軸ではあったが、話題性には乏しかった。

六八年三月、テレビアニメ『巨人の星』の放送が始まった。製作は東京ムービーである。

スポーツ競技に打ち込む主人公の努力、葛藤、挫折、成長、そして栄光までを描く「スポーツ根性＝スポ根」ものと称されるジャンルの先駆けが『巨人の星』で、放送期間三年半をかけて主人公の人生を描ききった。演出の長浜忠夫《ながはまただお》（一九三二～八〇）は、投手が一球を投げる心理を延々と描写するなど独特の表現法を駆使し、後のアニメに大きな影響を与えた。

当時の漫画界は、いわゆる劇画ブームだった。劇画とは、従来の漫画よりも写実的で描線が鋭く、また画面も遠近が強調されるなど、リアルな画風の新しい漫画スタイルで、青年層から支持されていた。

そして虫プロも、スポ根路線でテレビアニメを制作する。『あしたのジョー』（一九七〇～七一年）である。梶原一騎《かじわらいっき》原作、ちばてつや作画による劇画最大のヒット作の一つであり、主人公・矢吹《やぶき》ジョーやライバル・力石徹《りきいしとおる》の生き方は若者読者から絶大な支持を集めていた。これを、虫プロの監督・出﨑統《でざきおさむ》（一九四三～二〇一一）は、絵をあまり動かさず、原作のタッチを活かした止め絵を独特のカメラワークやタイミング（スローモーションの多用など）を使って映像化した。

テレビアニメ『あしたのジョー』の知名度は高いが、それが虫プロ制作だと知ると、意外の感を受けるのではないか。しかし『アトム』以後、虫プロのアニメーターは省力化のために絵を動かさない一方で、観客を飽きさせないさまざまな演出法を考案してきたのであり、出﨑統の技法は一つの到達点になった。出﨑は虫プロを離れた後も、『エースをねらえ！』（一九七三～七四年）、『ガンバの冒険』（一九七五年）、『宝島』（一九七八～七九年）などの作品で技法を極め、それは「止め絵の美学」とも称された。

劇画ブームとスポ根アニメの人気は、一九六〇年代後半のテレビアニメ史で欠くことのできないトピックである。東映動画は『タイガーマスク』（一九六九～七一年）を制作し、東京ムービーは『巨人の星』に加えて『アタックNo.１』（一九六九～七一年）を送り出した。

こうなってくると、漫画の神様だった手塚治虫の人気に陰りが見えたと考えられても、やむを得なかった。手塚はあらゆる分野の漫画を描いたが、スポーツものだけは不得手だった。

知られざる虫プロの模索

ただ、六〇年代後半の虫プロは、手塚漫画だけに頼らず、他の漫画家のアニメ化やスポ根ブームに活路を見出した、という単純なものではなかった。

ここまで述べてきたのは、実際にアニメ化された作品についてだが、その陰には実現しなかった企画が数多くあった。そのラインナップを見ると、虫プロが一般にイメージされているよりもはるかに幅広く多様なテーマで映像化を画策していた様相が浮かび上がる。

一九六〇年代末から七〇年代初頭にかけて、虫プロで企画されたが実現しなかった作品を、次にいくつか掲げる。


『ジャイアント台風』　高森《たかもり》朝雄《あさお》（梶原一騎）原作・辻《つじ》なおき作画の漫画。ジャイアント馬場《ばば》の半生記。

『キッカイくん』『ハレンチ学園』　ともに永《なが》井《い》豪《ごう》の漫画。

『メゾンＺ』　石森《いしもり》章《しょう》太郎《たろう》の漫画。特撮として企画。

『星のバレリーナ』　漫画家・牧美也子《まきみやこ》を原作に迎えたオリジナル企画。

『パンパカ学園』　木乃美光《このみひかる》著、田淵秀明《たぶちひであき》構成、しのだひでお・峯《みね》たろう作画による読み物系の漫画。

『デロリンマン』　ジョージ秋山《あきやま》の漫画。自殺未遂を起こした主人公を登場させながらギャグ物の形態をとる奇作。

『ベビーギャング』　岡部冬彦《おかべふゆひこ》の漫画。大人向けのギャグアニメとして企画。

『カクテル・15』　カクテルの基礎知識を映像化しようとしたオリジナル企画。

『家畜人ヤプー』　沼正三《ぬましょうぞう》のSF・SM小説。実写とアニメを含む海外合作として企画。いわゆるエログロをふんだんに含む。

『冠婚葬祭入門』　塩月弥栄子《しおつきやえこ》のベストセラーとなった同名著書が原作。後にドラマ化、映画化されているが、それとは別のアニメ化企画。

このほかにも『ノーマン』のような手塚治虫原作で企画し、実現しなかったものもあるが、ここで掲げた手塚原作以外の企画群には、流行を追いかけつつ、冠婚葬祭やエログロ小説のような、当時はおよそアニメ化など考えられなかったジャンルまで含まれている。手塚原作から離れて多角化を目指し、また手塚自身もスタジオの経営から離れていた頃の虫プロのB面史である。

6 『千夜一夜物語』——成人向けアニメの可能性

アニメラマ三部作

アニメ史における虫プロ最大の仕事は『鉄腕アトム』だが、次に何を挙げるかは、多少意見が分かれる。しかし、実現しなかった企画案から垣間見えるように、誰もやっていない分野に手を広げようとする作家性が虫プロにはあった。

その象徴的な仕事が、アニメラマと称される長編アニメ三部作で、『千夜一夜物語』（一九六九年）、『クレオパトラ』（一九七〇年）、『哀《かな》しみのベラドンナ』（一九七三年）がそれである。

アニメラマとは「アニメーション」と「ドラマ」の合成語で、『千夜一夜物語』公開時にキャッチフレーズのような形で付された。大きな特徴は、女性の裸体や性行為などを含む、明確な成人向けだった点である。

制作は、外国映画の配給会社だった日本ヘラルド映画が、自社製作映画を企画する中で虫プロに持ち込んだのがきっかけである。ちょうど東映動画が『太陽の王子ホルスの大冒険』を公開した頃で、ヤングアダルト向けの内容が興行成績の伸び悩みの一因とされたが、虫プロはさらに観客層を飛び越えて、成人向けの娯楽作品に挑戦したのである。

タイトルのとおり「千夜一夜物語」が原作で、貧乏だが野心に燃える主人公アルディンの声

『千夜一夜物語』©手塚プロダクション

は青島幸男《あおしまゆきお》が担当した。バグダッドの奴隷市場で、アルディンは一目惚れした女奴隷ミリアムをさらって、彼女と一夜を明かす。性愛の場面では色彩から作画まで絵画的な工夫が凝らされ、アニメならではの描写になった。

山本暎一によれば、手塚治虫もメインスタッフも大乗り気で企画を受け、制作に入ったが、初めてのジャンルだったこともあって作業は遅々として進まず、公開前一ヵ月は完全に不眠不休で間に合わせた。

試写会ではアニメなど無縁に見えた大人たちが行列を作り、公開後の配給収入は約二億九〇〇〇万円、一九六九年度の日本映画配収ランキングの五位に入る成果だった。

この成功を受け、ヘラルドと虫プロはアニメラマ第二弾と銘打って『クレオパトラ』を制作した。ポスターには「《千夜一夜物語》以上のお色気を探して一年…遂にクレオパトラを脱がせた！」としたが、前作ほどの配給収入にはならなかった。

虫プロ倒産

『千夜一夜』はヒットしたが、少年漫画の神様率いる虫プロが、成人向けのエロチックな長編アニメを制作したギャップは拭えなかった。手塚は「いまやオトナが子供のマンガをふんだくって読むぐらいですから、子供だってオトナのマンガを見てもいいわけだ。ところがオトナは自分たちの楽しんでいるエロを子供に知られるのが恥ずかしいあまり、文句を言う」などと語り、アニメラマは子どもの観客も見込んでいると言わんばかりだった（「週刊現代」一九六九年七月一〇日号）。

それでも、アニメーションによる実験を目指した手塚の虫プロとしては、絵画的な性描写を盛り込んだアニメラマは最大の実験作だった。

現在、日本のアニメは多種多様に制作され、幅広い世代に向けているようにいわれることもあるが、アニメラマで目指したような分野は、いまも未開拓である。

そして、アニメラマ第三作とされる長編『哀しみのベラドンナ』は、イラストレーター深井《ふかい》国《くに》を迎えて、デザインや色彩などでさらに独創性が高まった。しかも、パートごとに担当するアニメーターを変えて異なるタッチの画風を盛り込む構成をとり、実験性の高い長編になった。

しかし、虫プロの会社としての体制はすでに資金繰りの悪化や労働争議で末期症状を呈していた。本作の制作もそのあおりを受け、完成はしたが、観客の不入りで大幅な赤字を出し、これが虫プロ倒産（一九七三年一一月）の要因の一つになった。

長編と実験的短編を作り続ける手塚

手塚治虫は虫プロ倒産前に、漫画制作のための事務所「手塚プロダクション」を立ち上げ、拠点にしていた。虫プロ倒産時には手塚個人が巨額の負債を処理せざるを得なくなったが、事務所は存続した。

一方の虫プロには労働組合系のスタッフが残り、一九七七年にあらためて虫プロダクションを再興した。ファンや研究者は、手塚創立の虫プロを「旧虫プロ」、再興後の虫プロを「新虫プロ」と呼び分ける。

手塚は周囲の反対をよそにアニメ制作に復帰し、テレビアニメスペシャル『一〇〇万年地球の旅 バンダーブック』(一九七八年)を制作、日本テレビ系の特番「24時間テレビ」で放送された。以後この枠で長編アニメ(テレビスペシャル作品)を毎年制作し、また彼の漫画でのライフワークともいうべき「火の鳥」の長編アニメ版『火の鳥2772 愛のコスモゾーン』(一九八〇年)の総監督を務めた。

驚くべきは、こうした中でも手塚は実験的な短編アニメーション制作を続け、『JUMPING』(一九八四年)、『おんぼろフィルム』(一九八五年)の二作は、いずれも国際的なアニメーション映画祭でグランプリを受賞した。

手塚と関わることによる苛烈な作業やスケジュールに臆して、彼の作品には参加したくないと考えた業界人は多かったが、手塚本人から電話がかかってきて断れるアニメーターは少なかったという。

一九八九（平成元）年二月九日、手塚治虫は他界、四部構成の実験的な長編アニメーション『森の伝説』が未完の遺作になった。

第5章

1974年
戦艦、目覚める

『さらば宇宙戦艦ヤマト　愛の戦士たち』（1978年）の映画公開に詰めかけた観客
毎日新聞社提供

1 『ルパン三世』──観客層の模索

『アトム』以後のテレビアニメ拡大期の中で、子ども向けアニメのジャンルが一通り出揃った。同時に、劇画ブームによって漫画読者の年齢層が高くなってきた。

一九七〇年代前半にかけてのアニメ界は、作品の多様化、観客層の拡大で分岐点に差し掛かっていた。虫プロが挑戦した成人向けアニメは、虫プロの倒産とともに途絶えたが、一つの方向性を指し示した。

大人向けへ

こうした中で、注目すべき作品が『ルパン三世』である。

アルセーヌ・ルパンの孫にして大泥棒のルパン三世による奇想天外なコメディでありながら、あくまでダークな敵役、エロティックな要素、世界観は退廃的ですらあるとなれば、子ども向けとは言い難い。モンキー・パンチによる原作は青年向け漫画誌の先駆け的な「漫画アクション」で、一九六七（昭和四二）年八月から連載が始まっていた。

テレビアニメ『ルパン三世』は一九七一年一〇月から放送開始、これは俗に「第一シリーズ」と呼ばれる。製作は東京ムービーだが、作画など実質的な制作はAプロダクションというスタジオが担当した。

本書ではここまで、「製作」と「制作」を使い分けている。製作は、主にアニメ作りに必要な資金を拠出する立場をいい、放送局、広告代理店、企画会社、映画配給会社、ゲームメーカーなどが該当する。制作は実際に作品を作る立場、すなわちスタジオが該当する。

東京ムービーは『アトム』放送に刺激されて新設された会社だが、設立直後から経営難に陥った。そこで会社としては企画や営業部門などに限定し、作品制作は傘下のスタジオを拠点にした。それがAプロダクション（一九六五年一二月設立、現シンエイ動画）で、メインスタッフはほぼ東映動画からの移籍組だった。その中には、高畑勲や宮崎駿もいた。

『ルパン三世』は人形劇団出身の大隅正秋《おおすみまさあき》（一九三四〜　）が演出を担当した。彼は原作のもつ雰囲気をベースにしながら、饒舌《じょうぜつ》なセリフに頼らず、たたみかけるようなテンポと、キャラクターの立ち振る舞いでストーリーを進める独特の手法を駆使した。

企画書には「子どもにも大人にも愉しめるコミック・アクションドラマとして動画化！」とあるが、制作陣は大人向けを目指した。しかし視聴率は低迷し、第七話から演出が大隅正秋から「Aプロダクション演出グループ」という名義に変わり、高畑勲と宮崎駿が入った。作風もダークさは弱まったが、結局二三話で事実上の打ち切りとなった。

社会批判、環境問題

何が「大人向け」なのかは議論があり、その内容は変遷する。アニメ史の中でそれが模索され、意図をもって実践されたのが一九六〇年代末からの数年間である。また、子ども向けでありながら、ストーリーに社会性を織り込んで、娯楽一辺倒のアニメのあり方に一石を投じようとしたのもこの頃だった。

テレビアニメ『サイボーグ009』(一九六八年)の第一六話「太平洋の亡霊」は、太平洋戦争で沈んだ戦艦が洋上に復活してアメリカを攻撃しようとするストーリーだが、あの戦争に何も学ぼうとしない現代への強烈な批判が呈され、日本国憲法第九条が字幕で流れる、きわめて異色のエピソードである。この第一六話は、石森章太郎の原作にはない、アニメオリジナルの脚本だった。

テレビアニメ『魔法のマコちゃん』(一九七〇〜七一年)は、東映動画の魔法少女アニメ第三作だが、工場の廃液に汚染される海、ゴルフ場開発で消えようとする自然など、当時深刻化していた環境問題がストーリーに組み入れられた。

これらは視聴者である子どもへの社会参加の入口の提示であって、観客層を変えようとしたものではない。

対して『ルパン』では、原作の漫画に沿って、観客層を引き上げようとした。それは成功したとは言えなかったが、再放送される中で人気を獲得し、五年後の一九七七年から第二シリーズとなる『ルパン三世』が制作され、三年に及ぶ長期放送となった。アニメ『ルパン』はこの第二シリーズでイメージが確立され、同時に東京ムービーの代表作になった。

『サザエさん』放送開始

Aプロダクションと同じく東京ムービーのアニメ制作を担ったスタジオゼロは、『鉄腕アトム』放送開始からまもない一九六三年五月に設立された。メンバーは石森章太郎、藤子不二雄《ふじこふじお》（藤本弘《ふじもとひろし》、安孫子素雄《あびこもとお》）、つのだじろう、鈴木伸一《すずきしんいち》の五人で、後に赤塚不二夫《あかつかふじお》も参加する。つまり、手塚治虫が一時期住んでいたアパート・トキワ荘に集まった漫画家たちが、アニメ制作を目的に設立した。そして、テレビアニメ『おそ松くん』（一九六六～六七年）、『パーマン』（一九六七～六八年）、『怪物くん』（一九六八～六九年）などの制作に参画した。

Aプロダクションも、『オバケのQ太郎』（一九六五～六七年）、『ど根性ガエル』（一九七二～七四年）、そしてシンエイ動画となってから『ドラえもん』（第二シリーズ、一九七九年～）などをアニメ化し、スタジオゼロとともに生活ギャグと称されるジャンルのアニメの確立に寄与した。

そして一九六九年一〇月、『サザエさん』の放送が始まった。制作はTCJから分離独立したエイケンで、現在まで五〇年以上にわたる史上最も長い放送期間のアニメの誕生である。

アニメ史から見た『サザエさん』の位置づけは、長期放送である点を含めてかなり特殊である。長谷川町子《はせがわまちこ》による原作漫画は朝日新聞に連載されたが、テレビアニメ版の視聴者層は特定できない。ファミリー向けというジャンルはあるが、『サザエさん』ほど全世代が受容可能な作品は、実は少ない。三世代同居の一家族の日常と、近所のコミュニティ、親族、学校の友人、会社の同僚まで含めてフラットに組み込まれた舞台の幅広さは比類ない。

特段の事件は何も起きないストーリーはまさに「日常系」である。日常系というアニメのジャンルは、ずっと先の二〇〇〇年代以後、主に深夜帯アニメで確立されており、『サザエさん』が日常系と呼ばれることはほぼない。

あえてジャンル名をつけるとすれば「サザエさん系」とするしかないほど、テレビアニメの『サザエさん』のもつ統合性は独特である。

2 『マジンガーZ』――巨大ロボットが作った新しい波

巨大ロボット

日本のアニメを語る際、巨大ロボットの存在は欠かせない。海外では戦前からロボットが登場するアニメーションはあるし、操縦者が搭乗する型の巨大ロボットは、フランスの長編『やぶにらみの暴君』で登場したものが最初とされる。

しかし、諸外国の巨大ロボットは、ほぼ兵器である。一方日本のそれは、兵器ではあるけれど、造形物としての美しさがあり、ときに操縦者と一体化した「相棒」であり、ときに感情をもつかのようにも見える。そして観客は、そうした巨大ロボットをキャラクターと同等かそれ以上の存在として認識する。

『マジンガーＺ』©ダイナミック企画／東映アニメーション

日本のアニメに登場するロボットは、ロボット自体が人間のように動く自立型と、誰かが操縦しなければ動かない非自立型に大別される。アトムやドラえもんは自立型ロボットであり、『トランスフォーマー』シリーズに登場するロボット生命体も自立型に入る。

一方、多くの巨大ロボットが該当する非自立型も、大きく二つのタイプに分かれる。一つは、操縦者がコントローラーを使って遠隔操縦するロボットで、『鉄人28号』がこれに当たる。もう一つは、人間がロボットに搭乗し操縦するタイプである。さらに、単体のロボットか、複数のロボットが合体できるかでもタイプが分かれる。

巨大ロボットアニメの初期作品の一つ『マジンガーZ』は、操縦者が搭乗する非自立型である。また、シリーズ半ばから合体の要素も加わり、七〇年代前半のテレビアニメを代表する作品になった。制作は東映動画で、そのストーリーは次のようなものである。

世界征服を企むDr.ヘルから地球を守るため、天才科学者の兜十蔵《かぶとじゅうぞう》は巨大ロボット・マジンガーZを作り出した。十蔵はDr.ヘルの攻撃で命を落とすが、孫の兜甲児《かぶとこうじ》がマジンガーZに搭乗し、ヘル率いる機械獣軍団と闘う決心をする。

『マジンガーZ』のヒット以後、『ゲッターロボ』、『勇者ライディーン』、『UFOロボ グレンダイザー』などと続く巨大ロボットものテレビアニメは一大潮流を形成し、その先には『機動戦士ガンダム』が見えてくる。この流れは二〇〇〇年代以降にも続いており、『マジンガーZ』成功の意味は大きい。

一九七〇年代初頭、なぜ巨大ロボットが登場したのか。『マジンガーZ』以前には、『鉄人28号』や、特撮『ジャイアントロボ』（一九六七〜六八年）はあるが、作品は少なく、七〇年代への連続性はない。『アトム』放送後、アトムのような等身大の人型ロボットが巨大ロボットになり、一つのジャンルになるまでには一〇年を要したのである。

まず、円谷《つぶらや》プロダクション制作の特撮『ウルトラQ』（一九六六年）に始まる「ウルトラシリーズ」の影響が大きかった。次作の『ウルトラマン』、『ウルトラセブン』へと続くシリーズは、巨大化したヒーローが敵と戦うビジュアルを視聴者に印象づけた。そして、『仮面ライダー』（一九七一～七三年）との双璧で、一九七〇年代にかけての特撮ブームを牽引する作品になった。

また、ロボットとはいっても人型のヒューマノイドではなく機械（メカニック）だという点について、イギリスで制作された『サンダーバード』（一九六五～六六年、国内放送は一九六六～六七年）の影響があったとの指摘がある（『日本アニメーションガイド　ロボットアニメ編』森ビル、二〇一三年）。本作は人形劇による特撮だが、作中に登場するメカニックはリアルにデザインされていた。

ヒーローの巨大化と、メカニックに対する認識の変化の先に誕生したのが『マジンガーZ』だった。

版権ビジネス

アニメのキャラクターなどを用いた、いわゆる版権ビジネスは、玩具、菓子のパッケージ、衣類、そして音楽やゲームまで、多くの分野で展開されている。近年はパチンコ・パチスロなど「遊技機」の分野へのアニメ進出が著しい。パチンコ店の前を通って、やたらとアニメキャラクターが並んでいても、違和感がなくなってきた。

日本のアニメの版権ビジネスは『鉄腕アトム』がその道を切り開いたが、ビジネスとしての発展は限定的なまま一〇年が経った。むしろ、『仮面ライダー』の変身ベルトの玩具が好調な売れ行きだったことなど、アニメは特撮の後塵を拝していた。

『仮面ライダー』の製作は東映だが、当時はアニメ制作スタジオの東映動画が、特撮やアニメなど一括して子ども向け番組の版権を管理していた。版権収入の内訳は、実写（特撮）が九〇％を占め、アニメは一〇％に過ぎなかった。その東映動画の『マジンガーZ』で、ポピー（現バンダイ）から発売されたのが、「超合金」というブランド名のモデルだった。

超合金は、それまでの合成樹脂系のモデルと違って、手に取れば重さと硬さを感じ、たとえ小さくとも「ホンモノ感」があった。当時の発売価格は一三〇〇円で、子ども向け玩具としては決して安くなかったが、大ヒット商品になった。

以後、アニメに巨大ロボットなどメカニックを登場させる際には、玩具にしやすいデザインが求められるようになり、アニメは玩具を売るための「広告映像」だともいわれた。

しかし、『マジンガーZ』にはじまる巨大ロボットものアニメを広告映像などというべきではない。どの作品も、基本的には勧善懲悪のストーリーだが、正義と悪との二項対立だけではなく、集団化した敵方の内部にも優劣や階級が存在し、そこには現実社会の一断面が反映されている。

『ゲッターロボ』は三人の主人公が三体のマシンに搭乗し、これが合体してゲッターロボとなるが、三人の性格はまったく異なり、チームワークが作戦の成否に直結するため、そこにドラマが生まれる。

『UFOロボ グレンダイザー』の主人公は異星から脱出して地球に住み着いた青年であり、『惑星ロボ ダンガードA』は、それまでの巨大ロボットものアニメが一話完結だったのに対してストーリーが連続する大河ドラマ形式をとった。

つまり、一作ごとに新たな試みが加えられ、作品の質が追求されていた。ロボットの玩具を売るためのビジネスは厳然として存在するが、そのロボットを使って何を描き、何を伝えるかという創造性もまた堅固なものだったのである。

3 不動の問題作、『宇宙戦艦ヤマト』

一九七四（昭和四九）年一〇月から放送されたテレビアニメシリーズ『宇宙戦艦ヤマト』は、日本アニメ史の中でもひときわ重要な位置に立つ作品である。特に注目すべきは、『ヤマト』のストーリーやキャラクターなど作品それ自体に加えて、放送終了後の数年間に及ぶ現象の推移にあった。

『宇宙戦艦ヤマト』は、七四年一〇月から翌年三月まで、全二六話で放送された。ストーリーは次のようなものである。

西暦二一九九年、謎の敵ガミラスの攻撃で地球は放射能汚染にさらされ、生き残った人類の生存期間も一年と見積もられた。そのとき、大マゼラン星雲のイスカンダル星から、放射能除去装置を提供するとのメッセージが届き、宇宙を長距離航行するためのエンジンの設計図も添えられていた。もはやそのメッセージを信じるしかなかった人類は、太平洋戦争中に沈んだ戦艦大和を宇宙戦艦ヤマトに改造し、往復二九万六〇〇〇光年の旅に出た。

本格SF、苦悩するキャラクター、原子力

先に結論めいたことを述べるが、『ヤマト』は視聴率で苦戦し、放送は途中で打ち切られた。全三九話の予定で、二六話に短縮されたのである。同時間帯の他局で『アルプスの少女ハイジ』と『猿の軍団』が放送されており、これが原因の一つとされる。『ヤマト』の平均視聴率は六～七%で、『ハイジ』は二〇%を超えていた。『ヤマト』放送開始の七四年一〇月、『ハイジ』はストーリーのクライマックスに差し掛かっていた。さらに、NHKのバラエティ番組「お笑いオンステージ」も重なっており、やはり二〇%超えの視聴率だった。ようするに、多くの視聴者は新番組へチャンネルを変えなかったのである。

また、本作の制作には旧虫プロ系のスタッフが関わった。これは、『ヤマト』が最初に虫プロで企画されたことが関係している。しかし虫プロは倒産したため、企画立案者の一人だったプロデューサーの西崎義展《にしざきよしのぶ》（一九三四～二〇一〇）を中心にしてスタッフが集まった。このため、急ごしらえの制作体制だった点は否めないが、結果的に『ヤマト』は数年後に到来するアニメブームの火付け役となった。

その理由は、第一に、年長者の鑑賞にも堪えうる豊富なSF設定である。特に、宇宙空間を瞬間的に移動する「ワープ航法」は本作で広く知られて、以後のSFアニメに影響を与えた。

戦後、日本のSF分野の発展に寄与したのが、一九五七年創刊のSF同人誌「宇宙塵」、そして一九五九年創刊の「SFマガジン」である。前者は海外のSF小説などで知識を得ていた同人が集まり、自作を紹介する場として、後者は海外のSF小説を翻訳・掲載し、読者にSFを広める場としての役割である。「宇宙塵」の執筆者には星新一《ほししんいち》、小松左京《こまつさきょう》、光瀬龍《みつせりゅう》、筒井康隆《つついやすたか》らがいた。しかし、『ヤマト』以前のアニメ分野のSFは、「SFっぽい」舞台や小道具、キャラクターが配されているもので、SFファンが納得できるものではなかった。

第二に、キャラクター造形である。本作でヤマトを操舵する艦橋に入ったのは、老練な艦長と機関長を除いて、多くが二十歳前後の若者だった。ガミラスとの戦争で正規軍のほとんどを失い、残されたのは士官候補生だったからである。実戦経験がなかった彼らは、強力な敵と戦うだけでなく、人類にとって初めての銀河系外への航行で、多くの試練に直面する。苦悩し、試行錯誤を繰り返しながら徐々に成長していく彼らに、中高生以上の視聴者は注目した。未熟な若者だったキャラクターに対して、視聴者は「あこがれ」ではなく、自分自身と重ね合わせながら感情移入したのである。また、そうした若者中心の舞台で、ほとんど無言で彼らに艦を任せながら、ときに短い言葉で的確な指示を出す艦長の存在も秀逸だった。

第三に、放射能の扱いである。高度経済成長期、天然資源の乏しい日本にとって原子力エネルギーは夢の技術だった。ソ連のチェルノブイリ原発事故（一九八六年四月）やアメリカのスリーマイル島原発事故（一九七九年三月）などが起きる前で、身近な所では日本の原子力船「むつ」の放射能漏れ事故（七四年九月）が起きた程度である。米ソ冷戦による核戦争の危機感はあったが、それが大衆全般に共有されているとまではいえなかった。

したがって、放射性物質で全地球が汚染され、しかもそれが異星人の爆弾攻撃によってもたらされた結果、人類が絶滅に瀕している『ヤマト』の設定は鮮烈だった。終末思想さえ伴うはるか未来の空想ではあるが、そこには現代の一断面が反映されていた。

熱心なファンの活動

しかし、視聴率には苦戦し、『ヤマト』は途中で打ち切られた。

その中でも、本作に惹かれ、影響を受けたのが中高生以上のヤングアダルト世代である。当時は中学生で、後に『新世紀エヴァンゲリオン』を手がける庵野《あんの》秀明《ひであき》は「僕の高校時代はヤマト一色の生活でしたね。初めて自分で描いたセルアニメーションもヤマトでした。（中略）ヤマトを見て、アニメを続けてきたんですね」と回想している（「週刊プレイボーイ」二〇〇八年二月二五日号）。

こうした彼らを中心にファンクラブが立ち上がり、打ち切られた『ヤマト』に惹かれた彼らの活動が重なる中で再放送が実現して、人気を獲得していった。

ただし、純粋なファン活動の結果というよりも、活動の背景にはプロデューサーの西崎義展の存在があった。彼は『ヤマト』の本放送終了直後から再放送を画策し、ファンを巻き込む形で運動を形成した。さらに西崎は、本放送終了後まもなく、全二六話を長編アニメに再編集する作業に入っていた（牧村康正・山田哲久『「宇宙戦艦ヤマト」をつくった男　西崎義展の狂気』講談社、二〇一五年）。

今でこそアニメファンの存在は社会に認識されているが、当時はそうではなかった。西崎は後年、多くのスキャンダルにまみれて、カリスマ、異端児、独裁者などあらゆる「称号」を得るが、少なくとも『ヤマト』でアニメファンを巻き込むビジネススタイルを示した点は評価すべきである。

一九七七（昭和五二）年八月、テレビアニメ再編集による劇場版『宇宙戦艦ヤマト』が公開された。公開前夜から劇場前には行列ができ、その様相をメディアが報じてさらに注目を集め、アニメなど卒業しているはずの若者が熱狂する社会現象として捉えられた。配給収入は約九億四〇〇〇万円だが、これは全国一斉公開ではなく、東京四館での公開が成功して徐々に地方へと広がっていったことからすれば快挙と考えてよい。

翌一九七八年八月には、オリジナルの長編『さらば宇宙戦艦ヤマト　愛の戦士たち』が公開された。配給収入は約二一億円、これは同年の配収ランキングで、高倉健《たかくらけん》、薬師丸《やくしまる》ひろ子主演の映画『野性の証明』に僅差の二位に入り、映画界は衝撃を受けた。

劇画や特撮といったアニメ周辺の娯楽が台頭する中、ヤングアダルト層を観客として取り込んだ『ヤマト』は、テレビアニメを過渡期から成熟期へと移行させる原動力になった。また『ヤマト』は、作品それ自体の新しさに加えて、劇場版が公開されるまでの約三年間で、ファンクラブの活動による運動形成、映画館前の行列など、ヤングアダルトのアニメファンが「可視化」されたことが最大のポイントだった。

サブカルチャー雑誌「OUT」は一九七七年三月に創刊され、この誌上で同年夏に公開された劇場版『ヤマト』が特集されたが、これも可視化の一種である。七八年五月には「アニメージュ」が創刊され、以後「アニメック」「ジ・アニメ」「マイアニメ」「アニメディア」など、アニメファン向けのアニメ情報誌が立て続けに創刊された。それだけ多くの読者を獲得できたのである。

可視化されたアニメファンの存在が、八〇年代以降のアニメ界の動向に直結し、『ヤマト』に刺激された庵野秀明が二〇二一年に『シン・エヴァンゲリオン劇場版𝄇』を送り出したこと、つまりは現在まで影響が続いていると考えれば、その震源となった『宇宙戦艦ヤマト』のアニメ史での意義に疑問をはさむ余地はない。

4 『アルプスの少女ハイジ』——アニメで日常を描く

『宇宙戦艦ヤマト』を視聴率競争で苦戦させた一因と言われるのが、同じ日曜日の午後七時半から放送されていた『アルプスの少女ハイジ』（一九七四年）である。

七〇年代に登場した新たなアニメのジャンルの一つが「名作もの」で、原作は主に国外の児童文学である。「世界名作シリーズ」として、多くの重要な作品が誕生したが、そのシリーズの存在を決定的なものにしたのが『ハイジ』だった。

名作シリーズ

名作シリーズの全体像は、制作会社の変遷、スポンサー企業、シリーズとしての連続性、そして公式のシリーズ名などから、多少解釈が異なる。本書では、児童文学が原作になった『ムーミン』（一九六九～七〇年）からシリーズ復活三作目の『こんにちはアン』（二〇〇九年）までの三一作を名作シリーズとする。

『ムーミン』から『ハイジ』まではズイヨー（現瑞鷹）の製作だが、ズイヨーがアニメ制作スタジオとして設立（一九七二年）したズイヨー映像による最初の作品が『山ねずみロッキーチャック』（一九七三年）、続く作品が『ハイジ』である。

『ハイジ』のスタッフとして、高畑勲、宮崎駿、小田部羊一《こたべようい ち》（一九三六～　）らがズイヨー映像へ移籍した。小田部は高畑、宮崎と同じ東映動画出身のアニメーターで、『ハイジ』では作画監督とキャラクターデザインを担った。

そして次作『フランダースの犬』（一九七五年）制作中に、ズイヨー映像の代表だった本橋浩一《もとはしこういち》（一九三〇～二〇一〇）がスタッフの大半を率いて新スタジオを設立、これが日本アニメーションで、以後名作シリーズは日本アニメーションが制作を担った。

東映動画に続き、一九六〇年代に設立されたアニメ制作スタジオとして虫プロダクション、タツノコプロ、東京ムービー、そしてTCJ（エイケン）などがテレビアニメを主導したが、そこに日本アニメーションが加わったのである。

「再印象」させる力

『ハイジ』の意義は、登場人物の日常生活を丹念に描いたことにつきる。『ロッキーチャック』までの作品は、海外児童文学が原作とはいっても、動物メルヘンの色調が濃い。しかし『ハイジ』で高畑勲と宮崎駿が目指したのは、ごく普通の登場人物の日常を描き、それを一年間のドラマに仕立てるという、SFやロボットものが主流になりつつあった当時のテレビアニメ界ではきわめて異例のものだった。アルムおんじが一人住む山小屋にあずけられ、フランクフルトの屋敷に連れていかれ、再びアルムの山に戻ったハイジの周囲は、どこをとっても日常である。

しかし、ハイジが食べるとろけたチーズと黒パン、フランクフルトでホームシックにおちいったハイジの徘徊、そしてアルムにやってきた親友クララが一人立って歩く、こんな日常芝居が観客の心を捉えた。

『ハイジ』制作にあたって、演出・作画のメインスタッフらは、スイスやドイツの主要舞台を約一週間、現地調査している。ロケハンがテレビアニメ制作に先立って実施されたのはおそらく『ハイジ』が最初で、その成果は作中の描写に活かされた。

『アルプスの少女ハイジ』
©ZUIYO
「アルプスの少女ハイジ」公式ホームページ http://www.heidi.ne.jp/

全編の演出を担当した高畑勲は、次のような言葉を残している。

アニメーションで非常に現実的なことなどやる必要がない、向いていない、とよく言われます。しかし僕はそうは思いません。アニメーションは優れた演者による落語の表現と同じ力も本来持っている。よく知っていると思いこんで、関心も払わなければ、その魅力に気付きもせずに過していることがらを、ああ、人はこうして生きているんだなァ、という感動と共に再印象させる力があるはずなのです。

（『アニメの世界』新潮社、一九八八年）

ポイントは「再印象」である。朝起きて飯を食べ、学校へ行き、あるいは働き、語らい、明かりの下で本を読み、そして眠る。しかしそこには常に喜怒哀楽があり、人間が生きていることを「再印象させる力がある」のがアニメーションなのである。

『ハイジ』はそうしたアニメーションの表現力を立証し、アニメ史の金字塔となった。

世界に輸出される『ハイジ』

『ハイジ』では、高畑勲が全編の演出を担当し、宮崎駿はレイアウトを担当した。レイアウトとは、アニメの各ショット(画面)でどのようにキャラクターが位置して、どう背景画と組み合わせるかを描いた設計図である。多くのアニメーターの分担による作画(原画・動画)の一つ手前の工程で、描かれるべき内容を設計し、世界観をスタッフらが共有するための重要な作業として、現在のアニメスタジオでは確立されている。このレイアウトを工程として本格的に導入したのが宮崎駿であり、『ハイジ』だった。

高畑と宮崎は『母をたずねて三千里』(一九七六年)でも組み、日常芝居はさらに洗練された。高畑が監督した『赤毛のアン』(一九七九年)は、特に人気作になった。

その後、高畑と宮崎は日本アニメーションを離れたが、名作シリーズは毎年一作放送された。『ペリーヌ物語』(一九七八年)、『トム・ソーヤーの冒険』(一九八〇年)などを手がけた斎藤《さいとう》博《ひろし》（演出）と宮崎晃《みやざきあきら》（脚本）は、八〇年代の名作シリーズを支えた。

その後、『小公女セーラ』（一九八五年）、『私のあしながおじさん』（一九九〇年）などを経てシリーズはいったん途切れ、また復活するなどしたが、現在のところ『こんにちはアン』が最後で、一〇年以上この路線での制作はない。

スタジオとしての日本アニメーションは、『ドカベン』（一九七六〜七九年）、『ちびまる子ちゃん』（一九九〇〜九二年、一九九五年〜）なども制作しており、ファミリー向けの作品に強いスタジオとして評価が確立している。

また、『アトム』以後少しずつ行われてきた作品の海外輸出には、東映動画、虫プロ、タツノコプロ、ズイヨーなどに続いて日本アニメーションも参入した。『ハイジ』や『三千里』は二〇〇〇年代以降もヨーロッパ地域、特に中南米を含むスペイン語圏での知名度が高い。スペイン本国では、第二次大戦以来独裁的な政権を維持してきたF・フランコ死去（一九七五年）後の民主化の中で、廃れかけていたバスク語、ガリシア語などの地方言語を復興しようと、『ハイジ』の地方言語による吹き替え版を制作して学校に配布し、教材にしたという。

5　ギャグアニメの完成形——『タイムボカン』シリーズ

タツノコプロ

テレビアニメと劇場用長編アニメとの双方で、流れを築きつつある七〇年代の日本のアニメで、タツノコプロは創立以来ほぼ一貫してテレビアニメの可能性を追求してきたスタジオである。

タツノコプロは、一九六二（昭和三七）年一〇月、漫画家の吉田竜夫が二人の弟（吉田健二《けんじ》、吉田豊治《とよはる》〔九里一平《くりいっぺい》〕）との漫画制作の工房として設立した。設立時の商号は竜の子プロダクションで、タツノコプロはブランド名、愛称でもあったが、二〇一三年になって商号もタツノコプロになった。

吉田竜夫は一九五五年に漫画家としてデビューし、タツノコプロの設立直後に『鉄腕アトム』の放送が始まった。その当時を、吉田は次のように回想している。

> 虫プロがアニメを始めたということで、笹川さんにけしかけられたりもして（もちろん私も、私なりに夢は持っていましたし）それで、アニメに関してはズブの素人であった私達が手さぐりの状態でスタートすることになったわけです。（中略）アニメでなら自分の作品

にインターナショナルな性格を開発できるのではないかというビジョンは持っていました。おこがましい考えかも知れませんが、〝世界へ羽ばたきたい〞というわけです
（季刊「ファントーシュ」第七号、一九七七年八月）

証言にある笹川《ささがわ》ひろし（一九三六〜　）は、タツノコ初期から所属し、『タイムボカン』シリーズをはじめ多くのテレビアニメを監督した。

タツノコのテレビアニメ第一作は『宇宙エース』（一九六五〜六六年）で、吉田竜夫による漫画を月刊「少年ブック」に同時連載した。その後タツノコでは、吉田竜夫の漫画、そしてアニメ用のオリジナル企画によってテレビアニメを制作していった。他所他人の原作や企画ではなく、自社オリジナルにこだわったのである。

メカの魅力とギャグ路線

タツノコプロ作品には、多彩なメカが登場する。ユニークなのは、リアル系のメカとデフォルメ系のそれとを、作品ではっきりと使い分けている点である。

初期作品『マッハGoGoGo』（一九六七〜六八年）と『科学忍者隊ガッチャマン』（一九七二〜七四年）はリアル系メカが登場する代表作で、『マッハ』は海外版タイトル『Speed Racer』としてアメリカでの知名度が高い。

『ヤッターマン』　©タツノコプロ

『ガッチャマン』は、強大な科学力で地球征服を狙う組織に対して、科学忍者隊が戦いを挑む。ストーリーの構図はシンプルだが、科学忍者隊の五人は性格も年齢も異なる上に女性が一名入っている。リアルなデザインのメカ群を中心にしたシリアスな展開ながら、親子や仲間同士の心理描写を織り込んだ作品になった。

　科学力の強大さを描きながら、その科学を操るのはあくまで人間であるところからくる光と陰を対比する作風は、『新造人間キャシャーン』（一九七三〜七四年）など後の作品にも活かされた。

　一方、『タイムボカン』（一九七五〜七六年）ではまったく逆に、どう見ても動きそうにないコミカルなメカを多数登場させてギャグ路線を築き、「タイムボカンシリーズ」という冠名でシリーズ化された。第二作『ヤッターマン』（一九七七〜七九年）では、敵方の女一人・男二人のいわゆる「三悪トリオ」との絡みで、「ブタもおだてりゃ木にのぼる」を筆頭に数多くのルーティン・ギャグが創出された。ポンコツなメカとファッショナブルな主人公との対比、数分に一回は登場するダジャレなど、『ヤッターマン』のエネルギッシュな作風は、ギャグアニメの王道をただ一作で築いたといえるほどで、疑いなく七〇年代アニメ史上の代表作である。『ハクション大魔王』の放送開始は一九六九年だが、主人公のハクション大魔王やアクビ娘はキャラクターとして人気を博し、その後いくつも派生作品を生みながら、二〇二〇年には『ハクション大魔王2020』としてリメイクされた。タツノコのギャグアニメとしては、「タイムボカンシリーズ」と並ぶ成功作である。

タツノコメルヘン路線と称される作品群がある。正式なシリーズ名ではないが、その第一作は『昆虫物語みなしごハッチ』（一九七〇〜七一年）である。自身の出生の秘密を知り、生き別れになった母親を探す旅に出るミツバチの子の物語で、地味ではあるが多くの視聴者の記憶に残り、続編も制作された。

生活ギャグ系作品にもタツノコは参入し、『いなかっぺ大将』（一九七〇〜七二年）、『てんとう虫の歌』（一九七四〜七六年）はいずれも長期放送になった。

そして、『アニメンタリー　決断』（一九七一年）である。アニメとドキュメンタリーとの合成語を付し、真珠湾攻撃から敗戦までの攻防について、シンガポール攻略、マレー沖海戦、硫黄《いおう》島《とう》作戦などを日本軍・連合国軍双方の視点でストーリー化した。最終回「最後の決断」では、ポツダム宣言受諾から玉音放送まで、内閣情報局総裁・下村宏《しもむらひろし》の苦悩と決断が描かれた。視聴率は八％程度と苦戦したが、制作時期を考えれば、タツノコ屈指の意欲作だった。

タツノコプロはコンピュータを活用するのも早かった。コンピュータによる映像生成・加工技術のスキャニメイトを使って、『タイムボカン』や『ポールのミラクル大作戦』（一九七六〜七七年）の異次元突入シーンを表現した。

タツノコプロから独立

最後に、後進の育成である。タツノコプロから独立し、新たにスタジオを立ち上げるスタッフは数多い。後にテレビアニメ『魔法のプリンセス ミンキーモモ』（一九八二〜八三年）を制作する葦《あし》プロダクション（一九七五年一二月設立）、テレビアニメ『うる星やつら』（一九八一〜八六年）を制作するスタジオぴえろ（一九七九年五月設立、現ぴえろ）、劇場用長編アニメ『GHOST IN THE SHELL／攻殻機動隊』を制作するプロダクション・アイジー（一九八七年一二月設立、設立時の名称はアイジータツノコ）は、いずれもタツノコに縁の深いスタッフが設立したスタジオである。

そして、『うる星やつら』『攻殻機動隊』の監督を手がける押井《おしい》守《まもる》（一九五一〜 ）はタツノコプロに入社してアニメのキャリアをスタートさせた。

九〇年代以降のタツノコは、エネルギッシュで先進的な姿勢がやや失速した感は否めない。しかし、タツノコプロの強みは多くの自社作品の権利を保有している点で、過去作品の実写版やスピンオフ作品が、現在まで制作され続けている。

タツノコプロの本流は、やはりギャグである。しかし、ＳＦ設定やメカニックにこだわり、生活ギャグからメルヘン、シリアスもこなし、ドキュメンタリーまで手がけて、テレビアニメの可能性を追求したその姿勢は、日本のアニメの多様性向上に大きく寄与するものだった。

作品・観客が広がった七〇年代

子ども向けから脱却して、ヤングアダルトや大人にまで観客層を拡大しようとしたのが一九七〇年代のアニメ史最大のトピックである。

しかしそれにとどまらず、多彩な巨大ロボットの造形、児童文学のアニメ化、ギャグアニメの王道を生み出すなど、七〇年代は主としてテレビアニメの可能性が大きく広がった時期である。この動きは八〇年代にかけて続き、さらに多くの重要な作品が生み出されていく。

第6章

1979年 空前のアニメブーム

『機動戦士ガンダム』
巨大ロボットものアニメの金字塔。
後のアニメのストーリーやキャラクター造形にも大きな影響を与えた。

1　『機動戦士ガンダム』と富野由悠季

『機動戦士ガンダム』の生みの親・富野由悠季《とみのよしゆき》（一九四一〜　）は、手がけた作品数とその内容、アニメ業界からファンにまで与えた影響の大きさなどから、日本のアニメ史で比類ないアニメ監督の一人である。

たとえば『宇宙戦艦ヤマト』では、ストーリーやキャラクター造形の新しさはあったが、年長のアニメファンを中心とした現象面が大きく取り上げられ、作り手が注目を浴びたわけではなかった。アニメの「匿名性」は、まだまだ強かった。

しかし『ガンダム』では、作品で描かれた世界の意味をファンが問い、考える段階に導かれ、作り手としての監督の独創性が問われた。

原点としての『海のトリトン』

富野由悠季（本名・喜幸《よしゆき》）は、日本大学芸術学部卒業後の一九六四年、虫プロダクションに入社する。『鉄腕アトム』放送開始一年後のことで、富野はアニメーターではなく演出志望の制作スタッフだった。入社半年後、『アトム』第九六話で初めて演出を手がけた。

その後富野は虫プロを離れるが、数年後には虫プロを含むさまざまなアニメにフリーで関わるようになった。

『海のトリトン』　©手塚プロダクション／東北新社

テレビアニメ『海のトリトン』（一九七二年）は、富野が初めて総監督として全編に関わった作品である。手塚治虫の漫画「青いトリトン」が原作ではあるが、富野オリジナルといってよい仕上がりになった。手塚は、テレビアニメ版は自分の作品とは関係ない、と不快感をあらわにした。

ストーリーは、海を住処とするトリトン族の生き残りの少年トリトンが、平和を乱すポセイドン族と戦う内容だが、富野は最終話に仕掛けを作った。後に富野は『トリトン』について次のように語っている。

絵画もフィルムも、それ自体が自由であると同時に、ディテールについては厳格です。さらに決定的なことは、絵画が時間と感情を固定化し永遠化しようとし、フィルムは時間のなかにその形象を凝縮化しようとします。その二つの相反する要素を同時に駆使しなければならないアニメは、感性の流れの起伏と、映像の自由さを永遠化する思惟を、ドラマという糸によって織り上げなければなりません。（中略）

〝海のトリトン〟の大テーマは、運命——誰にでも与えられているにもかかわらず、それを洞察することができ得ないもの——論にあり、第二のテーマは、この〝悪しきもの〟とは何か、右と左、味方と敵の二つの側から考えてみるということだったのです。

（富野喜幸『だから僕は…』徳間書店、一九八一年）

これは、富野がなぜ絵画、劇映画、演劇などではなくアニメにこだわり続けるのかが述べられた、富野作品全般に通底するポリシーである。

『機動戦士ガンダム』

さて、『機動戦士ガンダム』のストーリーは、次のようなものである。

地球外の宇宙空間に浮かぶスペースコロニーへの移民が行われていた未来、その宙域の一つ・サイド3が突如ジオン公国を名乗り、地球連邦政府へ独立戦争を仕掛けた。連邦軍のロボット兵器・モビルスーツの最新鋭ガンダムの操縦マニュアルを偶然手に入れた少年アムロ・レイは、敵方のモビルスーツが攻撃する最中、マニュアル片手にガンダムを操縦し、敵方を駆逐する。正規軍の多くが失われていた中で、アムロ本人の意思には関係なく、彼も地球連邦軍の一員として戦線に組み込まれていく。

舞台の特徴は、地球連邦軍、ジオン公国双方とも複雑な事情を抱え、価値観が併置されている点である。何が善で誰が悪かは定まらず、しかも正義感も闘う意思もない普通の少年が最新鋭兵器を操縦せざるを得ない状況が作られている。

正義と悪とを相対化し、その意味を問う富野の手法は『トリトン』で実践されていた。また、富野が監督したテレビアニメ『無敵超人ザンボット3』（一九七七～七八年）で、アニメファンは富野のこうした手法に注目しており、その先に誕生したのが『ガンダム』だった。

主人公アムロや、彼のライバルとなるジオン軍のシャア・アズナブルなど、従来の雄々しいアニメキャラクターとは一線を画する憂いを含んだキャラクターのデザインと作画を担当したのが安彦良和《やすひこよしかず》（一九四七～　）、多彩なモビルスーツのデザインは大河原邦男《おおかわらくにお》（一九四七～　）で、共に富野作品を支えるメインスタッフとなる。

制作スタジオは日本サンライズ（現サンライズ）で、一九七二（昭和四七）年、虫プロから分離独立した創映社が母体になり、同年九月には創映社のアニメ制作現場としてサンライズスタジオが設立された。一九七六年一一月、社名を日本サンライズとし、自社オリジナル第一作が『ザンボット3』だった。

サンライズは、巨大ロボットが登場する作品に強く、それは設立時からの伝統ともいえる。同時に、『ガンダム』のプラモデル（ガンプラ）の大ヒットに象徴される、玩具メーカーとのタイアップで培われた「スポンサー中心主義」を打ち出している。

ただし、ロボットアニメは玩具のCM映像にもなることはサンライズも理解していたが、それすなわちスポンサー中心主義ではない。玩具にしやすいロボットのデザインなど、スポンサーの要望には完全に応じながら、スポンサーから指示されない要素については自分たちの自由な創造力を駆使する、ここが徹底されていたのである。

『ガンダム』のモビルスーツをデザインした大河原邦男は、東京造形大学卒業後、アパレルメーカー勤務を経て、一九七二年タツノコプロの美術部に入社した。当時のことを大河原は「あの当時、アニメ関係者というのはどこのウマの骨か分かんない時代で、偶然とび込む人が多かった」（「朝日新聞」一九八五年九月九日付夕刊）と回想しているが、入社まもなく放送が始まった『科学忍者隊ガッチャマン』で、大河原はメカニックデザインを担当して評価され、アニメにおける「メカニック・デザイナー」の草分け、第一人者となった。

『機動戦士ガンダム』は、当初四クール（五二話）で計画されていたが、四三話で打ち切られた。視聴率の低迷が要因である。しかしアニメファンの評価は高く、再放送で人気を得た道筋は、『宇宙戦艦ヤマト』と同じだった。

それに、ヤングアダルト世代のアニメファンの存在感は『ヤマト』の頃より拡大していた。『ガンダム』四三話分を序盤、中盤、終盤に分けて再編集し、三本の劇場版が制作されたのである。第一弾『機動戦士ガンダム』は一九八一年三月、次いで『機動戦士ガンダムII 哀・戦士編』は八一年七月、そして『機動戦士ガンダムIII めぐりあい宇宙《そら》編』は八二年三月に公開された。特に、テレビシリーズ第三一話後半から最終話までをまとめた第三作は、全編の大半を再編集ではなく新たに撮影しなおし、配給収入は同年度公開の日本映画第四位に入る一二億九〇〇〇万円となった。

この劇場版公開の頃、富野はテレビアニメ『伝説巨神イデオン』（一九八〇〜八一年）の総監督の任にあったが、これも三九話で放送が打ち切られてしまった。ところが、未放送分のストーリーを劇場版として制作し、テレビ三九話分を圧縮した劇場版『THE IDEON 接触篇』と、未放送分の劇場版『THE IDEON 発動篇』を同時公開（一九八二年）する前代未聞のプランが実行された。これも、放送打ち切りを慨嘆したアニメファンの動きがなければ実現されなかったはずである。

このあたりからアニメファンは、単に作品を受容し没入するだけではなく、自分たちの行動がアニメ界での作品制作プランに影響を与え得るとの自意識を持つ。

現在使われる「アニメファン」という言葉は、単にアニメを見るのが好きだという一つの趣味形態を表す程度のものだろう。しかし七〇年代のアニメファンは「自分たちだからこそ理解でき、行動できる」とのプライドが強く、それを共有できない他者やコミュニティとの境界線を意識した。きっかけは『ヤマト』だったが、こうしたアニメファンの存在感が決定的になったのは『ガンダム』だった。

富野由悠季は『イデオン』以後も、『戦闘メカ ザブングル』（一九八二〜八三年）、『聖戦士ダンバイン』（一九八三〜八四年）、『重戦機エルガイム』（一九八四〜八五年）、そして『機動戦士Z《ゼータ》ガンダム』（一九八五〜八六年）、『機動戦士ガンダムZZ《ダブルゼータ》』（一九八六〜八七年）という流れで、ほぼ途切れることなくテレビアニメの新作を送り出し、劇場用長編『機動戦士ガンダム逆襲のシャア』（一九八八年）で一つの頂点を築いた。いずれも富野自身のオリジナル作品で、三シーズンものテレビアニメから発展した長編『逆襲のシャア』は、現在でも日本の長編アニメ史で語られる機会が多い。

『ガンダム』シリーズは二一世紀にかけて続き、富野が手がけないシリーズも多くなっていくが、『ガンダム Gのレコンギスタ』（二〇一四〜一五年）では総監督のほか脚本、そして絵コンテもほぼ全話手がける徹底ぶりを見せた。

こうした富野由悠季の元で演出を学び、自立したアニメ監督は数多い。後にテレビアニメ『ミスター味っ子』（一九八七〜八九年）、『機動武闘伝Gガンダム』（一九九四〜九五年）、『鉄人28号』（二〇〇四年）などを監督する今川泰宏《いまがわやすひろ》（一九六一〜 ）はその一人である。

アニメを使って映画を作る

アニメーションという技術を使って映画を作る――これは富野由悠季をはじめ、杉井ギサブロー、出﨑統、りんたろう、高橋良輔《たかはしりょうすけ》（『装甲騎兵ボトムズ』監督、後述）らから聞こえる弁である。彼らはみな虫プロ系のアニメ監督である。

富野が「映画」として描いた作品に登場する人物はリアルだといわれる。ごく普通の少年が家族や仲間など小さなコミュニティの中で思い悩み、挫折し、怒り、孤独になる。従来のアニメキャラクターらしくなく、それがリアルだとすれば確かにそのとおりである。

しかし、思い悩み、孤独になる主人公が存立する世界とは何か。なぜその世界が形成され、維持され得るのか。そこに踏み込む洞察をもって、現代を基点にした未来を見据える力が、富野作品の鑑賞には必要である。

富野は、自身が描く世界像の真意を、より多くの観客に気づかせるために、抽象化に優れたアニメを選んで映画を作った。時代に対して何を表現し伝えるかというよりも、時代を克明に、かつアニメを使って寓話化する。そして、その寓話に対する洞察と思考が、観客に求められているのである。

2　劇場版『銀河鉄道999』――アニソンがミリオンセラーに

アニメブーム

『ヤマト』『ガンダム』の二作によって、日本のアニメ界には空前のアニメブームが到来した。ただ、アニメブームは現在までに何度か起きており、またその始まりと終息がいつなのかも問題となる。

そもそもアニメブームとは、どのような現象なのか。これは、次のように説明できる。

「新たな様式や作風をもつ作品が現れることで、アニメ界の潮流に大きな影響をもたらし、作品が量産されると同時に観客層を拡大させ、その観客層の動向や好みが新たに制作される作品にフィードバックされるまでの一連の現象」

つまり、単に作品が量産されるだけではなく、観客層の拡大が重要である。日本では、これまでに次のようなアニメブームがあった。

第一次ブーム（一九六〇年代半ば）

テレビアニメ『鉄腕アトム』の放映開始によって、毎週一回・一話三〇分・連続放送という独自スタイルのテレビアニメが量産されるようになった。アニメのメディアとしてテレビが加わり、アニメ観客層が拡大した。

第二次ブーム（一九七〇年代半ばから八〇年代半ば）

テレビアニメ『宇宙戦艦ヤマト』『機動戦士ガンダム』によってヤングアダルト層がアニメの重要な観客に加わった。また宮崎駿監督の『風の谷のナウシカ』に至る流れの中で、アニメが子どもから若者向けの大衆文化として認識されるようになった。

第三次ブーム（一九九〇年代半ばから二〇〇〇年代半ば）

テレビアニメ『新世紀エヴァンゲリオン』が社会現象を引き起こした。また、『エヴァ』の再放送が深夜枠を使って成功し、結果として深夜枠で放映されるテレビアニメ（俗に「深夜アニメ」）が大量に制作されはじめた。加えて宮崎駿監督の『もののけ姫』（一九九七年）が成功し、海外でanimeという語が一般化して、アニメが日本発の大衆文化として認識された時期でもある。

第二次アニメブームの頂点

アニメブームには、その時期を象徴する注目作がある。それが新たなアニメ観客層を形成し、類似作品が量産されていく。さらに、アニメ史の年表を眺めていると、注目作が何作も重なっている年があることに気づく。近年では、劇場用長編『君の名は。』、『映画　聲《こえ》の形』、『この世界の片隅に』の公開が重なった二〇一六年が挙げられる。二〇一六年からは、第四次アニメブームが始まっているのではないかとも考えられる。

劇場版『銀河鉄道999』、宮崎駿監督の『ルパン三世 カリオストロの城』が公開された一九七九年は、そうしたアニメ史上の注目年の一つである。また、テレビアニメ『機動戦士ガンダム』放送開始、出﨑統監督の代表作の一つである劇場版『エースをねらえ!』公開も重なった一九七九年は、第二次アニメブームの頂点を築いた年になった。

『銀河鉄道999』は、松本零士《まつもとれいじ》の同名の漫画が連載中だった一九七八年九月からテレビアニメ版が放送された(八一年三月まで)。さらにテレビアニメ放送中に劇場版が公開され、原作やテレビアニメでは描かれていないラストシーンが盛り込まれた。

作品のストーリーは次のようなものである。機械化した身体で永遠の命を手にした人類が謳歌する未来、貧しくて機械化できない生身の人間は差別され、迫害を受けていた。母親を機械化人間に殺された少年・星野鉄郎《ほしのてつろう》は、謎の女性・メーテルから、機械の身体をタダでもらえる星へ向かう銀河超特急「999号」のパスを受け取り、彼女と二人で長途の旅路についた。

古典的な道中記で、超未来が舞台でありながら、これまた古典的な蒸気機関車を宇宙へ飛ばした本作は、テレビアニメ史に残るSFアニメの人気作になった。

『999』で注目したいのは劇場版である。『ヤマト』や『ガンダム』がそうであったように、第二次アニメブーム期にはテレビアニメの人気作の劇場版制作は定番になっていた。しかし『999』は、テレビアニメ版も原作漫画もまだ続いており、ダイジェストのような劇場版向きではない。

そこで劇場版『999』は、主人公星野鉄郎の年齢を、原作に忠実なテレビアニメ版よりも上げてキャラクターデザインも変え、メーテルとの旅の途上で二人の恋愛劇へと発展していく青春映画として再構成したのである。

脚本は、日活や松竹で多くの青春映画を手がけた石森史郎《いしもりふみお》が担当した。石森は「原作を読んで退屈した。同じエピソードの繰り返しで一貫した物語が無い」と考え、当初は脚本執筆を断ったが、自分の「好きなように原作を料理していい」ことを条件に引き受けた。そして、「母を機械人間に殺された主人公の少年鉄郎の復讐と成長のドラマにしようと基本姿勢が決る。青春ドラマの定番である。私はアニメ映画ではなく実写映画のシナリオを書いた」という（『石森史郎シナリオ集』近代映画社、二〇〇六年）。

監督は「アニメーションではなく映画を作る」論者の虫プロ系監督、りん・たろうが担当、特に叙情的なラストシーンは文字通り青春映画にふさわしい仕上がりになって、多くのアニメファンを感動させた。配給収入一六億五〇〇〇万円は、同年公開の日本映画第一位である。

そして本作のゴダイゴによる主題歌「銀河鉄道999」は、オリコンシングルチャートで最高二位、シングルレコード売上は一二〇万枚に達した。

第二次アニメブームはアニソンのヒット作が数多く誕生した時期でもあり、テレビアニメ『キャンディ・キャンディ』の主題歌「キャンディ　キャンディ」（堀江美都子《ほりえみつこ》）はその代表作の一つである。しかし「キャンディ・キャンディ」は二年かけてミリオンセラーに達しており、細く長く売れる形だった。一方、すでに「ガンダーラ」などの楽曲で人気を得ていたロックバンドのゴダイゴを起用した『999』のヒットは、アニソンの枠組みを大きく拡大し、音楽業界とアニメとの位置関係に一石を投じた。売り出し中の若手ミュージシャンにアニソンを歌唱させるなど、現代まで影響を与え続けている。

3 宮崎駿の二つの不成功作

一九七九年公開の『ルパン三世 カリオストロの城』は、宮崎駿の長編アニメ初監督作品で、今でこそ彼の初期の傑作として知られるが、公開当時は同年の劇場版『銀河鉄道999』に興行成績でまったく及ばなかった。

しかし、第二次アニメブームのこの時期、本作によって宮崎駿の名が表舞台に出たのは間違いなく、スタジオジブリに至る重要な過渡期になった。

『未来少年コナン』

一九七一年、高畑勲らと共に東映動画を辞してAプロダクションへ移籍した宮崎駿は、テレビアニメ『ルパン三世』第一作の演出に関わる。また同時期、劇場用の中編アニメ『パンダコパンダ』（高畑勲監督、一九七二年、三四分）に脚本や作画で参加している。

その後、ズイヨー映像、日本アニメーションに移籍し、世界名作劇場シリーズに関わるが、ここまではほぼ高畑勲と行動を共にし、彼の監督作品を作画面で支えるのが宮崎の役割だった。

そして一九七八年、宮崎駿が初めて全編監督を担当したのがテレビアニメ『未来少年コナン』で、ストーリーは次のようなものである。

『未来少年コナン』　©NIPPON ANIMATION CO., LTD.

近未来の地球、最終戦争による地殻変動でほとんどの大陸が海中に没し、その中でもわずかに残った資源をめぐって戦いが止まない世界。ある離れ島に生まれた少年コナンは、島に流れ着いた少女ラナと出会うが、ラナはたちまち謎の一味に連れ去られてしまう。ラナを助けるために島を出たコナンは苦難の旅の後、工業都市インダストリアにたどり着き、ラナが閉じ込められた施設に近づいていく。
原作はアメリカの児童文学だが、宮崎駿は自身のオリジナルに近い内容に再構成した。実際、意志が強くて真っ直ぐにモノを見つめようとするヒロイン、そのヒロインを助ける少年、古典的デザインのメカニック、次第に凶悪化する悪役、そして呪縛から解放へと向かうストーリーなど、後の宮崎作品の王道パターンの多くが『コナン』には盛り込まれている。

特筆すべきは、主要舞台のインダストリアと、ラナの生まれ故郷とされるハイハーバーとの対比である。

インダストリアは朽ちかけた工業都市で、指導者たちが前時代のエネルギーシステムを復活させようとしている。住人は一等市民、二等市民から囚人まで階級づけられており、行政上の意思決定機関に「最高委員会」がある。この委員会は長老ばかりで構成され、有名無実化しているが、機関としては生きており、独裁的に事を進めようとする悪役の行政局長は、この長老たちの存在に頭を悩ませている。

一方のハイハーバーは麦畑が広がる農村で、住人は農場、漁場、風車を使った製粉所や鍛冶場などそれぞれの持ち場で働いている。ある程度成長した子どもも小さな労働力で大人たちを手伝い、住民全員で土地や資源を共有して、収穫物は全員で分ける。

つまり、労働や共有を重んじる社会主義的共同体がハイハーバーであり、それは宮崎駿の理想として描かれている。一方のインダストリアは、人間の醜態で塗り固められた地として描かれ、両者は明確に対比される。

宮崎の社会主義的共同体への憧憬は、以後の作品でも何度か現れ、それは都市から農村へ転換する中国型の社会主義を一つのモデルとしているようにも見える。いずれにせよ、宮崎作品の娯楽としての特色だけでなく、イデオロギーを盛り込んだのが『未来少年コナン』だった。

本作は多くの後進に影響を与え、宮崎駿の名にアニメファンが注目した最初の作品にもなったが、視聴率は一桁台にとどまり、成功作とは言い難かった。しかも、全二六話のシリーズを約二時間の劇場用長編に再編集するプランに宮崎駿は困惑し、制作スタジオの日本アニメーションを辞した。

宮崎流のルパン

宮崎が移籍した先はテレコム・アニメーションフィルムである。一九七五年創立、東京ムービー新社の作品を手がけるスタジオで、ここで宮崎は『ルパン三世』の劇場用長編第二作『ルパン三世　カリオストロの城』の制作に入る。

ストーリーは、M・ルブランの「アルセーヌ・ルパン」シリーズや黒岩涙香《くろいわるいこう》の小説などからアイデアを得ながら、宮崎が構成した。制作期間は、宮崎によれば正味四ヵ月半で、一〇〇分の長編アニメとしてはあり得ない短さだった。

架空の小国で陰謀をめぐらす伯爵に対峙し、運命に翻弄される公女を助けようと活躍する本作のルパンは、すでに完成されたルパンのキャラクターとは明らかに違う。泥棒という「職業」に対して葛藤を抱える紳士的な中年男、これが本作のルパン像で、宮崎独自の解釈だった。

宮崎のアレンジがどの程度の影響を与えたかは明らかではないが、興行成績は劇場版第一作

（『ルパンVS複製人間《クローン》』一九七八年）よりも悪く、やはり成功作とは言えなかった。

しかし本作は公開翌年、毎日映画コンクール大藤信郎賞を受賞し、ファンを驚かせた。大藤賞の第一回受賞作は手塚治虫の『ある街角の物語』で、以後ほとんどアート系の短編アニメーションが受賞し、テレビアニメなどの商業系アニメとは無縁だったからである。

この選考過程は、選者の一人が内幕を明かしている。それによると、当該年の受賞候補作は川本喜八郎《かわもときはちろう》の『火宅』と岡本忠成《おかもとただなり》の『りすのパナシ』で、いずれも人形アニメーションの第一人者による力作だった。本来ならこの二作から選ばれるところ、『カリオストロの城』を加えた三作で決選投票を行うことになり、結果は一〇票中五票が『カリ城』に入り、受賞となった（「キネマ旬報」一九八〇年四月上旬号）。原作とは異なるルパンがあくまで紳士的に、かつ一途に公女を助けようとする緩急自在の連続活劇に、選者らは娯楽映画の真髄を見たのであろう。

本作の娯楽性は現在でも色あせず、しばしばテレビ放送され、宮崎駿の代表作に数えられているが、当時の宮崎は不遇だった。

『未来少年コナン』『ルパン三世　カリオストロの城』の制作にあたって、自身が求めるスタッフを半ば強引に集めたこと、こだわりの強さによるスケジュールの逼迫、それにもかかわらず商業的な成功作とはいえなかったことなどが理由である。

宮崎はその後新作の企画には関わるが、表舞台に立つ機会はなく、事実上「干された」状態で数年を過ごすことになる。

4 『うる星やつら』――ラブコメの時代

一九八一年一〇月放送開始のテレビアニメ『うる星やつら』（高橋留美子《たかはしるみこ》原作）は、四年半にわたって放送され、恋愛&コメディ、つまりラブコメをテレビアニメのジャンルとして確立した作品である。また、あだち充《みつる》原作のテレビアニメ『みゆき』（一九八三～八四年）、『タッチ』（一九八五～八七年）などが加わった学園もの作品群は、テレビアニメ界に新たな潮流を形成した。

二〇〇〇年代以降に量産される、やはり学園を舞台に主人公の日常を描いた「日常系」アニメの源流は、この八〇年代にあると見るべきだが、『うる星』を日常系のルーツとする向きはあまりない。『うる星』はドタバタに近いコメディで、SF、メカニック、ホラーなどの要素も加わり、いわゆる日常とは捉えがたい。

『うる星』はむしろ、原作漫画とアニメ版との関係性から、人気漫画のアニメ化とは何かをファンが考え、原作派とアニメ派とのファンが「対立」した点が、テレビアニメ史にとって重要だった。

そして、『うる星』のチーフディレクターとなった押井守にとって、『うる星』は自身のアニメ監督としての地歩を固め、独創性を開花させた作品になった。

『うる星やつら』と押井守

押井守は東京学芸大学を卒業後、ラジオ番組制作会社勤務などを経てタツノコプロに入社した。彼はそれまでアニメに縁がなく、アニメファンでもなかった。同じく大学卒業後に社会人経験を経てタツノコに入ったメカニック・デザイナーの大河原邦男がそうであったように、当時はアニメ界に偶然飛び込む者も多かった。というより、タツノコはそうした人材を重用し、育て上げる社風があった。

タツノコプロからスタジオぴえろへ移籍した押井がテレビアニメ『うる星やつら』を監督したのは、彼が三〇歳の頃である。『うる星』のメインスタッフには若手が多く入り、映像は斬新な表現に満ち、ときには突出しすぎた。原作ファンの中には嫌悪感を抱く者が現れたが、アニメファンからはカルト的人気を得た。

その象徴的なエピソードが、第一〇一話「みじめ！ 愛とさすらいの母!?」である。高橋留美子の原作にはないアニメオリジナルで、脚本は他でもない押井守が書いた。全編のほとんどを主人公の母親が演じ、饒舌体のセリフ、抽象的で虚無感の漂う世界、現実と夢との交錯など、原作本来の姿はそっちのけで、押井作品を特徴づける要素で埋め尽くされた。さすがに視聴者は唖然となって、押井はこの後まもなくチーフディレクターを降板してしまう。

それでも、アニメ監督・押井守の存在はこの『うる星』によって際立ち、またシリーズ自体は押井降板後も続いて、八〇年代を代表するアニメになった。

そして『うる星』の劇場用長編アニメは合計六本制作され、このうちの第一作『うる星やつら　オンリー・ユー』（一九八三年）と第二作『うる星やつら2　ビューティフル・ドリーマー』（一九八四年）は押井が監督した。特に第二作は押井の独創性が発揮されて、彼がアニメファン以外からも注目されるきっかけになった。

『タッチ』と杉井ギサブロー

八〇年代の学園ものでもう一つの代表作が『タッチ』をはじめとするあだち充原作のアニメで、その多くを監督したのが杉井ギサブローである。

杉井は東映動画にアニメーターとして入社したが、設立直後の虫プロに移籍、テレビアニメ『悟空の大冒険』（一九六七年）、『どろろ』（一九六九年）などの監督を務めた。その後同じ虫プロスタッフらとアニメ制作スタジオのグループ・タックを設立し、劇場用長編『ジャックと豆の木』（一九七四年）、テレビアニメ『まんが日本昔ばなし』（一九七五〜九四年）を数本手がけた後、フリーになった。

一連のあだち充漫画のテレビアニメ化で杉井が実践したのは、非常にゆったりとした動きのカメラワークである。部屋の中で向き合う主人公二人の視線がゆっくりと絡み合うかのような映像で、お互いが相手を視野に入れつつどこに目をやればいいのか、そんな思春期の微妙な心

『魔法の天使　クリィミーマミ』　©ぴえろ

理をカメラワークで表現した。

この技法は、形を変えつつ多くのアニメ演出家によって引き継がれ、アニメの主人公たちの日常や心理描写で実践されている。

杉井の代表作には劇場用長編が多く、『銀河鉄道の夜』（一九八五年）、『タッチ　背番号のないエース』（一九八六年）、『あらしのよるに』（二〇〇五年）などが挙げられる。

新たな魔法少女シリーズ

学園ものとはいえないものの、八〇年代にもう一つ、思春期の主人公たちの日常描写に挑戦し、後に影響を与えた作品群に、『うる星』を制作したスタジオぴえろの魔法少女シリーズがある。

第一作が『魔法の天使　クリィミーマミ』（一九八三〜八四年）、次いで『魔法の妖精　ペルシャ』（一九八四〜八五年）、『魔法のスター　マジカルエミ』（一九八五〜八六年）など五作がシリーズとされる。

いずれの作品も、普通の少女がふとしたきっかけで魔法を使えるようになるところは共通している。しかし、それが一年の期限つきだったり（『クリィミーマミ』）、魔法を自ら捨て去る方向へ向かったり（『マジカルエミ』）しながら、主人公の細やかな心理や、生活する街や風景、季節の変化などの描写にも挑んだ。

『魔法使いサリー』以来東映動画が確立した、魔法を使う少女の強い個性を描くパターンに対して、魔法が使えることによる少女の心の動き、日常の中に魔法が存在する意味を浮かび上がらせたのが、このシリーズである。

5 『超時空要塞マクロス』——ファンがアニメ界を主導する

高橋良輔

富野由悠季による一連の巨大ロボット作品はサンライズの代名詞となったが、同時期にもう一つ、高橋良輔（一九四三〜　）が手がけたシリーズがある。『鉄腕アトム』制作期に虫プロへ入った高橋も、富野由悠季らと同じ虫プロ系アニメ監督である。

高橋が手がけたシリーズの中で、テレビアニメ『太陽の牙ダグラム』（一九八一〜八三年）、『装甲騎兵ボトムズ』（一九八三〜八四年）、『機甲界ガリアン』（一九八四〜八五年）の三作は「リアル・ロボット路線」と称される。特に『ボトムズ』は高橋の代表作になった。

リアル・ロボットといっても、玩具化しやすいデザインが求められることに変わりはない。高橋は『ダグラム』制作前、プロデューサーから「ロボットもので一番大事なことはロボットが売れること、このことだけです。ロボットが売れさえすれば後は何をどう描こうと監督の好きにしていい」とまで言われたという（『アニメ学』NTT出版、二〇一一年）。すでに述べたように、これはサンライズのアニメ作りの真髄になった。

ここで高橋は、『ダグラム』第一話の冒頭で、砂漠に腰を落とし赤錆びて朽ちかけている主役ロボットを登場させ、ストーリーはここから一年前にカットバックする手法をとった。また、『ボトムズ』第一話のサブタイトルは「終戦」、一〇〇年も前に始まって、もはや原因さえわからなくなった戦争下、謎の作戦に参加した主人公が逃亡する中で突然終戦を迎え、第二話へ続く。

いずれも当時のアニメとしては斬新な導入と展開だった。キャラクターも富野作品に比べて硬派で、高橋良輔はこうした形で、同じサンライズの巨大ロボット作品でありながら、富野とは異なるアプローチで人間の内面や戦争の意味を問うたのである。

『超時空要塞マクロス』

『ボトムズ』が放送された年は、『宇宙戦艦ヤマト』放送から約一〇年である。当時中高生だったアニメファン、いわば「アニメファン第一世代」が社会に入り始めている。つまりは、ファンがアニメを作る側に立つようになっていた。その代表作が、テレビアニメ『超時空要塞マクロス』（一九八二〜八三年）である。

『マクロス』のストーリーは近未来、宇宙から巨大な物体が地球に落下するところから始まる。全長約一二〇〇メートルにもなるそれは、異星人が使っていた巨大戦艦だと判明、人類はそれを改造してマクロスと名づけた。進宙式の日、宇宙艦隊の攻撃により、民間人ともどもマクロスは戦争に突入することになった。

主人公はこの時マクロスに乗艦した民間のスタントパイロットの青年で、否応なく戦闘員になるところは『ガンダム』の伝統を引き継いでいるといえる。大きな違いは、制作のメインスタッフの多くがアニメファン第一世代の若手で、ＳＦ設定やメカニックのディテール、キャラクターデザイン、作画などに徹底的なこだわりが投入された点である。

そのメンバーには本作から長らく『マクロス』シリーズに関わるメカニックデザインの河森《かわもり》正治《しょうじ》（一九六〇〜　）、キャラクターデザインの美樹本晴彦《みきもとはるひこ》（一九五九〜　）、ロボットなどを縦横無尽、アクロバティックに作画する板野一郎《いたのいちろう》（一九五九〜　）のほか、後に『エヴァンゲリオン』を手がける庵野秀明（一九六〇〜　）もアニメーターとして参加した。ストーリーはオリジナルで、河森が所属していた制作者集団・スタジオぬえが「原作」としてクレジットされた。

本作のメインスタッフは一九六〇年前後の生まれで、これがアニメファン第一世代である。

『ヤマト』によってアニメにのめり込み、それが昂じて「自分たちが本当に見たいものを自分たちが作る」という野望と意欲の結集が『マクロス』だった。

その意欲は、劇場用長編『超時空要塞マクロス 愛・おぼえていますか』(一九八四年)で極められ、若いアニメーターらが腕を競い合って、手描き作画の限界に挑んだ。

こうした若手スタッフをまとめ上げたのが、アニメ制作スタジオのアートランド創業者の演出家・石黒昇《いしぐろのぼる》(一九三八~二〇一二)である。自身がテレビアニメ版、劇場版とも監督を務めながら、徒弟制度が渦巻くアニメ制作界で、若手の斬新な発想と才能を引き出して作中に反映させる役割を果たした。

角川春樹

一九七〇年代、観客動員数の低下に歯止めがかからず、長い低迷期にあった日本映画界に彗星のように現れたのが角川春樹《かどかわはるき》(一九四二~　)である。

彼の手法は、映画の原作を出版する出版社が映画製作を手がけ、大々的な宣伝活動の上に映画を公開する、メディアミックスの先駆けだった。映画本体以外のところに巨費を投じる彼のやり方は、旧来の映画界からは嫌いぬかれたが、『犬神家の一族』(一九七六年)、『野性の証明』(一九七八年)、『野獣死すべし』(一九八〇年)、『ねらわれた学園』(一九八一年)など、八〇年代にかけて数多くのヒット作を送り出し、映画界の革命児の名をほしいままにした。

その角川春樹は、アニメ界にも進出した。テレビアニメを経ていないオリジナル長編アニメが少なかったこの時期、『幻魔大戦』（一九八三年）、『少年ケニヤ』（一九八四年）、『カムイの剣』（一九八五年）という順序で公開された角川アニメの存在感は大きかった。

第一作の『幻魔大戦』（りん・たろう監督）は、漫画家・大友克洋《おおともかつひろ》（一九五四〜　）が初めてアニメ制作に参加した作品で、斬新なキャラクターデザインが話題になった。

日本の長編アニメ史の中で、角川アニメが取り上げられる機会は決して多くない。しかし、ヤングアダルト向けのアニメが定番になった八〇年代にあって、単に定番を追いかけて角川流のヒット作を並べるのではなく、アニメの可能性をさらに押し広げたいという意欲に満ちていたのが角川アニメだった。

ジャンプ漫画のアニメ化

八〇年代のキッズ向け作品の中では、「週刊少年ジャンプ」連載漫画のテレビアニメ化が本格化した。八一年四月放送開始の鳥山明《とりやまあきら》原作のテレビアニメ『Dr.スランプアラレちゃん』、八三年一〇月放送開始の高橋陽一《たかはしよういち》原作のテレビアニメ『キャプテン翼』などである。「週刊少年ジャンプ」連載漫画のアニメ化はここから九〇年代はもちろん、『鬼滅《きめつ》の刃《やいば》』が大ヒットした現在まで、常にテレビアニメの重要なコンテンツであり続けている。

これを含めて、一九七〇年代半ばから八〇年代半ばまでの第二次アニメブームは、作品内容の多様化と、それに伴う観客層の拡大、アニメブームと社会現象化、若手の制作者による新たなムーブメントの形成など、現代の日本アニメに通ずる多くの構成要素が出揃った時期である。その意味で、東映動画と虫プロの仕事によって「近代」に入ったアニメは、第二次ブームで高度成長期を迎えたといえる。

しかし、経済的な高度成長期がそうであったように、成長の陰には必ず綻びが生じ、足かせになる。それはアニメ界も同じだった。

第7章 1984年

1000年後からの警鐘

漫画『風の谷のナウシカ』単行本
1995年1月刊行の第7巻で完結したが、長編アニメ『風の谷のナウシカ』はこの第1～2巻までのエピソードを宮崎自身が再構成した。しかし彼は「自分の原作を解体させるのに手間取り、窮地に立った」「一度表現し終えた原作を、同じ人間がフィルムでもう一度表現するのは、おすすめできる作業ではない」との言葉を残した。

1 『風の谷のナウシカ』――アニメ監督の作家性

一九八四年三月、宮崎駿監督の劇場用長編アニメ『風の谷のナウシカ』が公開された。

この年は、押井守監督『うる星やつら2 ビューティフル・ドリーマー』、石黒昇・河森正治監督『超時空要塞マクロス 愛・おぼえていますか』も公開され、注目作が集まった年だった。しかもこの三作は、性質がまったく異なる。原作から大きく離れて独自の世界を展開した『うる星2』、アニメファン世代のクリエイターの思い入れを凝縮した『マクロス』、そして『ナウシカ』の成立と受容もまた特殊だった。

『風の谷のナウシカ』連載開始

宮崎駿は『ルパン三世 カリオストロの城』制作後、目立った仕事がなかった。しかし、東映動画以来の宮崎の仕事に注目していたファンはいた。その中で、徳間書店のアニメ情報誌

「アニメージュ」の編集者が、宮崎に漫画の連載を持ちかけた。あわよくばそれを原作としたアニメ化をとの構想もあった。

自分はアニメーターであって漫画家ではないとしぶる宮崎を説得して「アニメージュ」で連載が始まった（一九八二年二月号）のが、漫画「風の谷のナウシカ」だった。無聊《ぶりょう》を慰《なぐさ》めるように漫画を描きはじめた宮崎だが、もしこの時に徳間書店との縁がなかったら、その後の宮崎駿はなかっただろう。

漫画の連載が続く中で長編アニメ化が決まり、問題になったのが制作スタジオである。出版社の徳間書店は、どこか既存のスタジオを使う必要があった。

この頃、『ナウシカ』制作関係者から相談を受けたアニメスタジオがある。制作関係者側からスタジオに出された要望は、ほかの仕事はいっさいせずに『ナウシカ』だけに注力すること、だったという。いま手をつけている仕事を整理した上で『ナウシカ』を制作し、それが終わったら自分たちでゼロから仕事を探すという意味だから、無理な話である。しかしこれは、宮崎が長編を一本作るためには、それほどの覚悟と体制が必要だという意味でもあった。

結局、アメリカとの合作を多く手がけていたトップクラフトが制作を担当することになった。トップクラフトは『ナウシカ』制作後、そのままスタジオジブリの事実上の母体になった。

『ナウシカ』の評価

完成した『ナウシカ』は、きわめて高い評価を得た。その理由は、第一に現代的で社会性を帯びたストーリーにあった。それは次のようなものである。

最終戦争によって文明が破壊されてから一〇〇〇年後、地球は腐海《ふかい》という新たな生態系に覆われていた。腐海は地上に蓄積した汚染物質を浄化する過程で猛毒の瘴気《しょうき》を出し、人類は防毒マスクなしには生存できない。その中でも、わずかな資源をめぐって戦いが繰り広げられていた。辺境の小国「風の谷」の族長の娘ナウシカは、腐海と共存する道を探っていたが、その風の谷にも他国の軍勢が押し寄せ、ナウシカは戦火に巻き込まれる。

日本では高度経済成長の代償として水俣《みなまた》病など四大公害といわれる産業公害問題が起き、日常生活の中でも水質汚濁や大気汚染が深刻化した。自然破壊による野生生物の減少もたびたび話題になり、それはトキやコウノトリなど希少生物だけではなく、都市近郊の里山など身近な自然環境の消失にも及んだ。このまま経済活動を押し進め、無秩序に自然破壊を続ければ、何かが起こるだろうことは想像できた。

宮崎駿の自然環境破壊に対する問題意識は強く、人類の行く末を一〇〇〇年後の地球から鋭く警告したのが本作だった。

また、『ナウシカ』は映画雑誌「キネマ旬報」が毎年実施している年間ベストテンで、『おはん』(市川崑監督)や『廃市』(大林宣彦《おおばやしのぶひこ》監督)などと並んで第七位に入った。アニメがキネ旬ベストテンに入ったのはこれが初めてである。日本映画の中でアニメはどうしても別枠、あるいは数段低く見られてきたが、『ナウシカ』はそれを覆した記念碑的作品といってよい。

『風の谷のナウシカ』　©1984 Studio Ghibli・H

そして、世間的にはほぼ無名だった宮崎駿の作家性に注目が集まった。匿名性の強いアニメの世界で、アニメ監督の作家性が問われた例はほとんどなかった。

富野由悠季はアニメ監督として注目されたが、それはアニメファンのコミュニティにほぼ限られていた。宮崎は『ナウシカ』で一〇〇〇年後の地球という想像しがたい未来を、単なる空想ではなく現代を反映した世界像として構築し、映像化した。それは、実写では描けない世界を表現する使命を帯びたアニメが目指すべき一つの方向性を示すものでもあった。これほどの創造力を持つ宮崎駿とはいったい何者なのか、観客はそう捉えたのである。

『ナウシカ』を見た手塚治虫は、非常に悔しがったという。手塚の側近は、手塚が長編アニメとして本来やりたかったことを宮崎駿に先にやられたことによる嫉妬だったのではないかと想像した。

手塚が宮崎を、宮崎が手塚をどう見ていたかは、アニメ史的に興味深い問題である。一九八九年に他界した手塚は、宮崎作品について具体的な感想を残さなかった。

一方の宮崎は手塚の他界直後、『鉄腕アトム』はアニメ制作費を安くした「不幸なはじまり」ではあったが、「テレビアニメーションはいつか始まる運命にあったと思います。引き金を引いたのが、たまたま手塚さんだっただけ」と述べながら、「(アニメについて)これまで手塚さんが喋ってきたこととか主張したことというのは、みんな間違いです」と批判した(『COMIC BOX』一九八九年五月号)。時間をかけて長編アニメを作るべきなのに、『アトム』はそれを困難にしたというのである。

しかし、アニメの観客層が拡大し、商業的に成り立つきっかけを作ったのは『アトム』である。宮崎より数年早く東映動画に入り、その後虫プロに移籍した杉井ギサブローは、「私が東映を去って十年もすれば、アニメは趣味人のためのものになるんじゃないかと思っていたくらいで、それくらいアニメはお金がかかる」とした上で、「宮崎駿さんが今も仕事を出来ているのは、『アトム』があったからですよ」と語った(津堅信之『アニメ作家としての手塚治虫』NTT出版、二〇〇七年)。

宮崎駿も、『アトム』以後の商業アニメ史をまるで無視しているわけではない。『ナウシカ』制作直後の頃、押井守は宮崎から「あんたと私が映画を作っていられるのは全部、ヤマトとガンダムのおかげなんだよね」と言われたという(ウェブ「ふたまん+」二〇二一年一〇月八日)。

スタジオジブリの発足

『風の谷のナウシカ』の興行収入は約一四億八〇〇〇万円（その後コロナ禍でのリバイバルで約七億三〇〇〇万円加算）で、知名度の低い原作とアニメ監督による長編としては十分な結果だった。これで次回作を制作するためのスタジオ新設が決まり、一九八五（昭和六〇）年六月に発足したのがスタジオジブリである。

したがって、『天空の城ラピュタ』（一九八六年）がジブリ第一作である。これ以降、ジブリは宮崎駿・高畑勲両監督の作品を専門的に手がける、世界的にみても稀なスタジオとなり、宮崎の次作『となりのトトロ』（一九八八年）は、高畑勲の新作『火垂るの墓』との同時上映で、いずれも高く評価された。特に『トトロ』は、キネマ旬報ベストテン第一位をはじめ、その年の映画賞を数多く受賞した。

そして宮崎の『魔女の宅急便』（一九八九年）は配給収入約二一億五〇〇〇万円（興行収入約三六億五〇〇〇万円）で、この年の日本映画配収第一位になった。ジブリ最初の大ヒット作である。ジブリもこれで経営的にメドが立ち、常にリスクがつきまとう映画制作業界で、どうやって新作を継続するかを考える段階に移った。

これはスタッフ構成も同じだった。スタジオジブリは既存のトップクラフトが母体になったが、同時に宮崎が呼び寄せたり、一度は宮崎作品に参加したいと考えたりしたベテランスタッフたちが、ジブリのスタジオとしての基礎を築いた。

その一人がアニメーターの金田伊功《かなだよしのり》(一九五二〜二〇〇九)で、『ナウシカ』から『もののけ姫』まで参加している。もともと金田はメカニックなどのアクションシーンを得意とし、鋭いパースや緩急をつけて動かすアニメーターである。しかしその仕事はテレビアニメ『一休さん』や『キャンディ・キャンディ』まで及んでおり、特徴的な作画術ゆえ、見慣れたファンならどんな作品であっても金田が作画したシーンは判別できる。アニメーターは演技者であり、一枚絵の上手さよりも、動きのタイミングのつけ方、空間の活かし方などを含めた「動きの作り方」が独創性に直結する。それをファンが認識するきっかけを作ったアニメーターの代表格が金田だった。

しかし、そうした先達が数多くいたジブリから、若手のアニメーターや演出家は思うように育たず、また定着しなかった。このことが、二〇〇〇年代以降のジブリの道筋に影響を及ぼしていく。

2 第三のメディア——ビデオの台頭

『うる星やつら』で頭角を現した押井守は、テレビシリーズを降板してから新たな仕事の獲得に苦慮していた。しかしそれはテレビ、映画での話であって、この時期に普及したビデオが押井の主戦場になった。もっといえば、アニメの第三のメディアであるビデオのおかげで、押井はアニメ界でキャリアをつなぐことができた。

OVA

家庭用ビデオは、一九七五年にソニーがベータマックス、七六年に日本ビクターがVHSを開発して、八〇年代に入るとビデオデッキとともに普及しはじめた。既存の映画やアニメのビデオソフトも発売されたが、まだまだ高価で、長編なら一本一万五〇〇〇円前後だった。

こうした時期に、既存作品のビデオソフト化ではなく、ビデオがファーストウィンドウとなるアニメ作品が登場したのは画期的で、オリジナルビデオアニメ＝OVAという呼称が与えられた。その第一作が押井守の『ダロス（DALLOS）』（一九八三〜八四年、全四巻）である。ビデオ制作のアニメは世界的にもほとんど例がなく、また同じくビデオ制作でVシネマと称される映画の第一作は一九八五年だから、アニメが先行したことになる。

OVAの定義には、若干の揺らぎがある。『ダロス』のようなビデオ発売のみの作品が純粋なOVAだが、テレビアニメとして放送が終了した作品の続編がビデオで発売されることがあり、一般的にはこれもOVAに含められる。

初期のOVAを賑わせたのが成人向けアニメである。最大のヒット作が『くりいむレモン』（第一作『媚・妹・Baby』一九八四年）で、八七年にかけて約一六作が発売され、以後も『新くりぃむレモン』としてシリーズは続いた。八四年に発売されたOVA一三作のうち一〇作が成人向け、翌八五年には三五作中の九作が成人向けだった。

八三年に発売されたのは『ダロス』のみだから、その後急速に作品が発売され、大半が成人向けだったことになる。テレビや映画館には向かない成人向けアニメは、ビデオが最適だった。

しかし、一般作品も八五年以降に急増し、OVAはアニメ界で確たる存在になった。アニメファン向け作品の人気に陰りが見られ、テレビ放送を打ち切って、残りはビデオで、つまりOVAとして発売される例が出てきたのがこの頃である。高橋良輔が監督したテレビアニメ『蒼き流星SPTレイズナー』(一九八五〜八六年)は第三八話で終了し、その後OVAとして三巻が発売され、ストーリーを補った。

OVAは、それを購入する観客層を想定し、適切な本数を発売できる。映画の観客動員やテレビ視聴率のように、フタをあけてみなければわからない変数のリスクは小さい。このため、一定の観客は確実にいるが、テレビアニメや劇場用長編ではリクープ(資金回収)できないタイプの作品、つまりマニアックなアニメファン好みの作品がOVA向きだったのである。

ただし、アニメファンには審美眼があり、こだわりも強い。このため、OVAだからといって手抜きはできず、むしろファンが納得するハイレベルの作品が求められた。したがって、OVAからはしばしば先鋭的、冒険的な作品が誕生した。

こうした中で、OVAを主戦場としたのが押井守だった。『うる星』のテレビシリーズや劇場版などで、押井ファンはポピュラーではないものの堅固な存在になっていた。彼のOVAによる長編『天使のたまご』（一九八五年）は、作中で舞台や時代、登場するキャラクターなどについての説明がいっさいなく、一九六〇〜七〇年代のソ連、ポーランド映画を思わせる抽象性、寓話性をたたえた傑作で、押井の代表作の一つに数えられる。

『天使のたまご』
©押井守 / 天野喜孝事務所 / 徳間書店 / 徳間ジャパン
「天使のたまご」Blu-ray 5700円（税抜）販売元：ポニーキャニオン

『機動警察パトレイバー』は、一九八八年から八九年にかけて全六話（後に第七話が追加）のOVAとして発売され、その後劇場用長編、さらにその後テレビアニメシリーズという形で発展した。あたかもアニメファン、押井ファンの動向を確認しながら制作していくスタイルである。OVA版の一話は三〇分で、中ほどにはCMが入り、まるでテレビアニメのような仕上がりになった。

ほかにも、この時期のOVAの代表作には、次のようなものがある。

『妖獣都市』（一九八七年）は菊地《きくち》秀行《ひでゆき》の小説の長編アニメ化である。監督は川尻善昭《かわじりよしあき》（一九五〇〜　）で、原作のイメージに近いエロス・バイオレンスを映像化した。内容的に当時の劇場版やテレビアニメにはなりにくいが、一方でエロス・バイオレンスは映像表現の華とも言われる。本作にも先鋭的な表現が随所に盛り込まれ、OVAらしい仕上がりになった。

『ロボットカーニバル』（一九八七年）は短編七本にオープニングとエンディングを配し、ロボットをキーワードに、八人のアニメーターが一本ずつ制作した短編集である。アート系アニメーション作家を除いて短編を手がける機会が少なかった当時の珍しい企画で、『AKIRA』で知られる大友克洋、後にスタジオ4℃《よんどしい》の設立に関わる森本晃司《もりもとこうじ》（一九五九〜　）らが参加した。

『トップをねらえ！』（一九八八〜八九年）は、庵野秀明が監督した全六話のシリーズで、美少女＋メカに象徴される庵野の嗜好がよく現れた作品である。制作スタジオのガイナックスとともに、次章で詳しく取り上げる。

『銀河英雄伝説』（一九八八〜二〇〇〇年）は、田中芳樹《たなかよしき》の小説のアニメ化である。八八年に劇場用長編が制作された後、一話三〇分を一本のOVAとして制作し、これを一話ずつ発売する空前の方法がとられた。田中芳樹ファンに限定して確実に作品を提供するOVAの特性を最大限に活かし、「本伝」一一〇話、「外伝」五二話、さらに長編三話という規模の大きな作品になった。

どれも従来のテレビや劇場版では実現しにくく、ビデオがあったからこそ誕生した作品である。OVAはテレビや映画の代替ではなく、文字通り第三のメディアとして、九〇年代以降のアニメの新たな存在価値を形成する礎になったのである。

3　第二次アニメブームの終焉

アニメファン向け作品が低迷した要因は、当事者であるファンがどの程度自覚するかの程度にもよるが、全般的には、SF・巨大ロボットものにファンが食傷気味になったことが考えられる。『ガンダム』以後一〇年近くアニメファンを捉えてきたサンライズ制作の巨大ロボットものテレビアニメでさえ、八〇年代末の一時期は制作が途絶えた。

また、家庭用ゲーム機の普及による新たな娯楽の出現もある。「スーパーマリオブラザーズ」（任天堂、一九八五年）、「ドラゴンクエスト」（エニックス、一九八六年）、「ファイナルファンタジー」（スクウェア、一九八七年）などが立て続けに発売されたのがこの時期である。

年単位のテレビアニメ放送タイトル数の推移を見ると、一九七四年には三四タイトルで、その後右肩上がりに増加し、八四年の七八タイトルが一つのピークになった。翌八五年には五五タイトルに急減し、その後増減を繰り返すも、九〇年代半ばまで七〇～八〇タイトルで横ばい状態が続いた。

こうしたことから、七〇年代半ばから始まった第二次アニメブームは、八〇年代半ばに終わったと見ることができる。

キッズ向け作品の増加

しかし、アニメファン自体が急速に減ったわけではなく、またアニメも商業制作である以上、新作への取り組みを放棄できない。実際、テレビアニメのタイトル数は減少ではなく横ばいである。第二次アニメブームは終わって、高度成長期から低成長の時代に入ったともいえる。

まず、それまでテレビアニメを楽しんでいたアニメファンは、OVAの観客として一定数が流れていた。ビデオソフトの価格も一本五〇〇〇円前後になり、またレンタルビデオ店が各地にできて視聴しやすくなった。九〇年代初頭にかけて、年間五〇〜一〇〇タイトルものOVAが発売されていたから、アニメファンはあまり困らなかった。

ヤングアダルト向けのテレビアニメが減少しながらテレビアニメタイトル数が横ばいだった理由には、対象年齢の低い、キッズ向け作品の増加があった。

「週刊少年ジャンプ」連載漫画のアニメ化は、この時期さらに盛んになった。『北斗の拳』(一九八四〜八七年)、『聖闘士星矢《セイントセイヤ》』(一九八六〜八九年)、『ドラゴンボール』(一九八六〜八九年)、『シティハンター』(一九八七〜八八年)、『魁《さきがけ》!! 男塾』(一九八八年)などである。『聖闘士星矢』は多くの劇場版やOVAも制作され、『ドラゴンボール』は新シリーズ『ドラゴンボールZ』(一九八九〜九六年)として継続した。

さらに、「ドラゴンクエスト」などRPG（ロールプレイングゲーム）の人気にあやかり、そのスタイルを模したストーリーによるテレビアニメ『魔神英雄伝ワタル』（一九八八～八九年）、F１人気を受けたテレビアニメ『新世紀GPXサイバーフォーミュラ』（一九九一年）は、この時期にアニメを凌駕していたコンテンツに題材を求めた作品だった。

そして、アニメファン向けテレビアニメからいったん離れたサンライズは、新たに『勇者エクスカイザー』（一九九〇～九一年）に始まる「勇者シリーズ」を制作した。パトカー、消防車、新幹線などが変形して巨大ロボットになり、またロボットは意思をもって主人公と会話できるなど、子どもにより身近なつくりになっていた。このシリーズは人気作になり、『勇者王ガオガイガー』（一九九七～九八年）まで八作を数えた。

アニメファン向け劇場用作品

一方、この時期のアニメファン向けの作品はOVAだけではない。最も重要な作品が、劇場用長編『王立宇宙軍　オネアミスの翼』（一九八七年）である。後に『エヴァンゲリオン』を手がけるガイナックスの、これが商業作品第一作になった。

次に、大友克洋が自身の漫画をアニメ化した劇場用長編『AKIRA』（一九八八年）である。大友は、余白や風景を画面に大きく取り入れ、大胆なパースペクティブで建築物を表現し、従来の漫画とは異なる「可愛くない」キャラクターなどの独特の描画法で大きな影響を及ぼし、手塚治虫以後で特に重要な漫画家の一人である。その大友が監督した『AKIRA』は、自身の画風をどう映像化するかに力点が置かれ、従来のアニメにはないリアリズムが徹底されていた。

しかし『AKIRA』は原作の存在が大きく、長編アニメ版は話題作にはなったが、日本のアニメ史で取り上げられる機会は多くない。

一方海外では、九〇年代以降に紹介された日本のアニメの中で『AKIRA』はその象徴として人気を獲得し、現在でもアニメの代表作とされる。子ども向けでしかない欧米のアニメーションにあって、その対極的な表現に満ちた『AKIRA』は大きなインパクトになった。

そしてもう一作が、押井守監督の『機動警察パトレイバー the Movie』（一九八九年）である。OVA全六話に続いて制作された劇場版第一作で、緻密をきわめるストーリーと劇的な展開は、八〇年代の掉尾《ちょうび》を飾るにふさわしい傑作である。

本作で特筆すべきは、都市の描写だった。舞台は近未来の東京だが、バブル経済崩壊後の荒廃した都市の断面が効果的に挿入されている。制作当時はバブル期の最中にあり、まだその行く末を一般人は認識できていなかった。さらに、やはり一般にはあまり知られていなかったコンピュータウイルスをストーリーの重要なツールに使っている。本作はバブル崩壊後を含めて、近未来を予言した作品になった。

4　魔法少女の新しい波——『美少女戦士セーラームーン』

長期放送のファミリー向け作品

第二次アニメブーム後の低成長期に存在感を増した子ども向け・ファミリー向け作品の中でも、「週刊少年ジャンプ」はテレビアニメの強力な原作提供元だった。特に『幽☆遊☆白書』（一九九二〜九五年）、『ＳＬＡＭ　ＤＵＮＫ』（一九九三〜九六年）の二作は、この時期に子ども時代を過ごした視聴者の共通体験となった。「ジャンプ」は一九九四年末の発売号（九五年三・四号）で公称六五三万部に達し、これが歴代最高である。

その後は人気漫画の連載終了や出版不況の時代に入り、部数は減じるが、『るろうに剣心 ―明治剣客浪漫譚―』（一九九六〜九八年）、『ＯＮＥ　ＰＩＥＣＥ』（一九九九年〜）、『ＮＡＲＵＴＯ』（二〇〇二〜〇七年）などのアニメ化は続いた。

この中で、『ＯＮＥ　ＰＩＥＣＥ』は現在まで放送が続いているが、九〇年代に放送が始まったテレビアニメには、二〇年以上の長期放送を続けるタイトルがいくつかある。『ちびまる子ちゃん』は一九九〇年一月から放送が始まり、一時的に放送が途切れた期間はあるが、その後「第二期」として放送が再開、現在まで続きながら、『サザエさん』と双璧のファミリー向けアニメの地位を維持している。

『クレヨンしんちゃん』は一九九二年四月放送開始、『名探偵コナン』は九六年一月放送開始で、現在まで続いている。しかもこの二作は、ほぼ毎年劇場映画版が制作され、テレビ視聴者とは異なる観客の獲得に成功している。

劇場版『クレヨンしんちゃん 嵐を呼ぶ モーレツ! オトナ帝国の逆襲』(二〇〇一年)は、日本の高度経済成長期の振り返りがストーリーの基調に入り、子どもと一緒に見に行った大人の観客を喜ばせた。脚本と監督は原恵一《はらけいいち》(一九五九〜)で、本作で長編アニメ監督として知られるようになり、後に長編『河童のクゥと夏休み』(二〇〇七年)や、葛飾北斎《かつしかほくさい》の娘・お栄《えい》(応為《おうい》)を主人公にした長編『百日紅《さるすべり》〜Miss HOKUSAI〜』(二〇一五年)などを監督した。

『名探偵コナン』劇場版では重厚なストーリーにテレビ版とは異なるキャラクター造形が重ねられて、一本の映画としての存在感が強い。テレビアニメの『コナン』は見なくても劇場版は見る観客は多い。

そして、『ポケットモンスター』である。ゲームが原作となった『ポケモン』のテレビアニメ版は一九九七年四月放送開始で、国内のみならず世界的な人気を得た。劇場版第一作『劇場版ポケットモンスター ミュウツーの逆襲』(一九九八年)は、アメリカで約八五〇〇万ドルの興行収入に達した。この記録は、日本の長編アニメとして現在も破られていない。

『美少女戦士セーラームーン』

こうした中で、九〇年代前半の最大のヒット作が、テレビアニメ『美少女戦士セーラームーン』（一九九二～九三年）である。『魔法使いサリー』以来、魔法少女ものを手がけてきた東映動画の作品だが、本作はそれまでのシリーズ作とは多くの点で異なっていた。

まず、魔法少女が一人ではなく、それぞれ守護星をもつ多くのセーラー戦士が登場し、容姿や性格、作中での役割が描き分けられている。

主人公はおよそ戦士らしくない性格だが、その彼女を多くのセーラー戦士と絡めることで、旧来の魔法少女のようにたった一人の特別な存在としての主役ではなく、彼女たちの協力、友情がストーリーの中核になった。当初は五人だったセーラー戦士だが、シリーズが進むにつれて一人また一人と増えていく手法は、その後『おジャ魔女どれみ』や『プリキュア』シリーズにも引き継がれた。

次に、街を襲う妖魔たちとセーラー戦士たちとの戦いの場面はアクションに富み、また主人公の性格に端を発するギャグの要素が加わって、娯楽性が豊かになった。

そして、多くのセーラー戦士が協力して戦いながらも、そこにタキシード仮面という男性の協力者が現れ、主人公との恋愛の要素が加わった。しかも、その果てに二人の間に誕生する未来の子どもまでも登場する。

こうした伝統的魔法少女ものとは異なる独創性に満ちた作風は、原作を掲載していた「なかよし」の発行部数が本作の影響で倍増するほどになった。その一方で、続々と登場する美少女キャラクターはヤングアダルト世代からも注目され、ブーム以後の低成長期の中でアニメファンらの渇きをいやした。

シリーズ当初の演出を担当したのが佐藤順一《さとうじゅんいち》（一九六〇〜　）で、後に『おジャ魔女どれみ』シリーズや『ケロロ軍曹』（二〇〇四〜一一年）など数多くの作品を手がけ、その仕事はアニメ界屈指の多作ぶりを誇っている。佐藤の後を引き継いだのが幾原邦彦《いくはらくにひこ》（一九六四〜　）で、後にテレビアニメ『少女革命ウテナ』（一九九七年）などを手がけた。

『セーラームーン』が示した魔法少女たちの協力と友情のストーリーは、以後のテレビアニメの定番になったが、同時期の作品から一つ挙げると、テレビアニメ『魔法騎士《マジックナイト》レイアース』（一九九四〜九五年）も、三人の中学生の少女が魔法騎士として異世界で戦うストーリーである。原作は同人誌出身の女性四人によるユニット・CLAMPの漫画で、これは漫画を中心とした同人誌の存在感が大きくなったこの時期ならではのアニメ化だった。

アニメ界の九〇年代

サンライズの「勇者シリーズ」が男の子向け、『セーラームーン』が女の子向けだとすれば、いずれにせよ対象年齢がアニメファン世代よりも下がり、「アニメは子どものもの」という旧来の観念を取り戻したのが九〇年代前半である。

しかしアニメ界の九〇年代とは、子ども向けかアニメファン向けかに関係なく、日本のアニメ全体の方向性に影響を及ぼす起爆剤が蓄積されていた時期でもあった。それはCGの汎用性の向上、インターネットの普及である。これらはいずれも、九〇年代後半から二〇〇〇年代にかけて、アニメ界を変えていくことになる。

5　広島国際アニメーションフェスティバル

一九八五年八月、アジア地域で初めてとなる短編アニメーションの国際映画祭が広島市で開催された。広島国際アニメーションフェスティバルである。この後広島フェスは三〇年以上にわたって、自主制作のアート系短編アニメーション作家にとっての登竜門だった。

本章では、アニメブームの終焉を中心とした商業アニメ分野について取り上げたが、八〇年代の日本アニメ史の話題として広島フェスを欠くべきではなく、その意義と課題を述べておきたい。

短編アニメーションと作品発表

テレビなどの商業制作ではなく、自主制作として活動するアニメーション作家は世界各国にいる。日本では、第1章で紹介した大藤信郎がパイオニア的存在である。

持永只仁《もちながただひと》（一九一九～九九）は、戦時中『桃太郎の海鷲』の制作に関わった後満洲に渡り、敗戦後も大陸にとどまって、一九五三（昭和二八）年帰国、本格的に人形アニメーション制作に入った。代表作は『瓜子姫《うりこひめ》とあまのじゃく』（一九五六年）、『ちびくろさんぼのとらたいじ』（一九五六年）である。

この持永のもとで人形アニメーションを学び、その後人形アニメーション大国のチェコスロバキアに渡って研鑽を積んだのが川本喜八郎（一九二五～二〇一〇）である。自作はチェコスロバキアから帰国後に本格化し、能や狂言など古典芸能に題材を求めた作風で、国際的にも知られた。代表作は『道成寺《どうじょうじ》』（一九七六年）、『火宅』（一九七九年）、そして『死者の書』（二〇〇五年）である。川本はまた人形劇用の人形作家としても知られ、NHK制作の人形劇『三国志』（一九八二～八四年）などの人形美術を担当した。

川本と同時期に活動したのが岡本忠成（一九三二～九〇）で、人形アニメーションのほか、水彩などの描画アニメーション、毛糸や板を使ったアニメーションなど、素材を多彩に使い分けた。NHK「みんなのうた」の『メトロポリタン美術館』（一九八四年）は特にポピュラーな作品である。

一方、実験的な短編アニメーションの発表の場としての草月アートセンターについては第4章で述べた。手塚治虫もここで自主作品を発表していた。

しかし、七〇年代に入るとこれらの動きが停滞し、作家たちの作品発表の場も失われてしまった。草月で刺激を得て、コミカルな画風を得意とした古川《ふるかわ》タク（一九四一〜　）や、テレビアニメのアニメーターを務めながら実験的な短編アニメーションを自主制作した相原信洋《あいはらのぶひろ》（一九四四〜二〇一一）のような作家はいたが、そうした動きは限定的だった。

一方、アニメファンが集い、作品上映、情報交換などを目的としたサークル活動が、六〇年代後半から七〇年代にかけて各地で始まった。これらの組織は自主制作だけではなく、カナダやチェコスロバキア、ベルギー、ソビエト連邦などで制作された短編アニメーションの上映会も開催した。作家の個性が強く出た描画やデザインで、ショートギャグから社会風刺まで含まれたこれらの地域の作品群は、ファンを刺激した。

八〇年代に入ると、美術大学の学生らが制作した短編アニメーションを上映する活動が立ち上がりはじめ、新たな潮流が形成された。

広島フェスの役割

こうした流れの延長線上に広島フェスが開催されたわけだが、主催には広島市が入り、原爆投下四〇周年を機にしたものである。内容は、国際アニメーションフィルム協会（ＡＳＩＦＡ）がすでにフランスのアヌシーやユーゴスラビアのザグレブなどで開催していたフェスを模し、広島フェスもＡＳＩＦＡの公認となった。開催は二年に一度である。

最も重要なプログラムは、世界各国から出品された短編アニメーション（上映時間三〇分以内）からグランプリを選出するコンペティション部門で、一次選考を経て本選に入るのは五〇〜七〇本ほどである。これを対象に一般の観客も集まる会場で公開審査を行う。

八五年の第一回大会では、手塚治虫の『おんぼろフィルム』がグランプリに入り、八七年の第二回大会では国内作品から受賞作は出なかったものの、この二回の開催で、広島フェスのスタイルは確立された。

九〇年の第三回大会以降、二年に一度の開催を守り、コロナ禍でオンライン開催となった二〇二〇年の第一八回大会まで続いたこのフェスを登竜門に、短編アニメーション作家として大成した人物は数多い。短編『頭山《あたまやま》』（二〇〇二年）で国際的な映画賞を数多く受賞した山村浩二《やまむらこうじ》（一九六四〜　）や、NHK「プチプチ・アニメ」で長期放送されている『ニャッキ！』（一九九五年〜）を制作する伊藤有壱《いとうゆういち》（一九六二〜　）は、その代表である。

広島フェスは、海外の最新事情を紹介する場であり、また毎回数百本もの国内外の短編アニメーションが上映され、ファンや制作者らに果たしてきた役割は大きい。ただ、テレビアニメなど商業アニメとの距離感は払拭できず、また広島に出品し集う制作者やファンたちは、結局一部の常連たちで固まってしまった感がある。広島市が主催に入っているにもかかわらず、広島市民への浸透が十分ではなく、二〇二〇年大会で終了することになった。

テレビアニメもアート系短編アニメーションも、またゲームやVR（バーチャルリアリティ）などで使用される映像もすべて「アニメーション」である。それでも多くの制作者やファン、研究者らは、その広いアニメーションのどこかに主軸を置き、そこから見える風景を語る傾向がある。

あるアニメ評論家が、文学にたとえれば商業アニメはSFや推理小説、短編アニメーションは詩や俳句のようなもの、と語ったことがある。そのような例えは可能だが、文学や絵画、音楽などのメインカルチャーに比べれば長きにわたってサブカルチャーとされてきたアニメーションの世界では、ファン一人ひとりがアニメーションに対して抱く感情は切実である。

『ニャッキ！』　©Y. ITO・NHK・NEP

その切実さを十分理解せず、「もっと良いアニメを紹介しよう」という啓蒙的、教条主義的な姿勢が商業アニメ、自主制作アニメ双方の界隈に根強く残るのが現状で、広島フェス三十数年の顛末は、その一端を反映し続けた。

もっとも、商業アニメとかアート系短編アニメとか、そういった形式的な区分には元来あまり意味はない。どちらも、間違いなくアニメーションである。そうした姿勢でアニメーションに取り組む若い作家たちが増えてくるのは、デジタル制作が容易になる二〇〇〇年代以降である。

第8章

1995年
最大の転換点

キャラクターがラッピングされた自動販売機
社会現象となった『新世紀エヴァンゲリオン』は、初回放送から20年以上にわたって新作が送り出され、さまざまなキャラクタービジネスが展開された。作品の舞台「第3新東京市」のモデルとされた神奈川県箱根町では、現在もあちらこちらでキャラクターたちが迎えてくれる。

1 『エヴァ』がもたらし、変えたもの

一九九〇年代前半の低年齢向けテレビアニメの増加と、アニメファン向けのOVAの増加は、大衆向けかマニア向けか、換言すれば観客の両極化が鮮明になったことを示す。第二次アニメブームの中で、ヤングアダルト向けという第二の極が出現したが、ブームが去り、第二の極がもつ意味が問われるようになった。

それに、アニメファン向けといっても、『ヤマト』『ガンダム』は旧来のアニメ制作者が創意工夫の上に生み出したものである。しかも、観客には年少者も含まれ、ガンプラが大ヒットした。

しかし、アニメファン第一世代、すなわち「自分たちが本当に見たいものを自分たちで作る」世代の台頭で『超時空要塞マクロス』のような作品が誕生し、子どもの観客を意識しない、純粋にアニメファン向けのジャンルが形成された。

その「自分たち世代」の最も象徴的な集団が、ガイナックスだった。

アニメファンが作り手に

ガイナックスは一九八四(昭和五九)年一二月設立だが、大阪の学生グループが八二年二月に組織したSFや特撮関連グッズを製造・販売するゼネラルプロダクツが源流である。設立者の岡田斗司夫《おかだとしお》(一九五八〜)は、大阪で開催された日本SF大会の運営に関わっていた時、大阪芸術大学在学中の庵野秀明、山賀博之《やまがひろゆき》(一九六二〜)らにオープニングフィルムの制作を打診、ここで誕生したのが短編アニメ『DAICON III OPENING ANIMATION』(一九八一年)、『DAICON IV OPENING ANIMATION』(一九八三年)だった。

庵野らは「DAICON FILM」というグループを組織し、自主制作を続けた。SF大会のオープニングフィルムでは、美少女とメカニック、過去のアニメや特撮から材をとったパロディなど、マニア好みの内容を凝縮した。しかも、当時の8ミリフィルムによる自主制作アニメとしては完成度が高く、プロの制作者も注目した。この時期のマニアたちは、自主制作のための数少ない情報を関連誌やムックなどから集め、仲間たちで情報交換し、参考となる作品をビデオで繰り返し見ながら独力で技術を得て、作品として結晶化した。その熱意が、ガイナックスの創立者たちは抜きん出ていた。

こうした中で、彼らは長編アニメ『王立宇宙軍』を企画し、これにバンダイが出資する形で実現をみたのが劇場用長編『王立宇宙軍　オネアミスの翼』（一九八七年、山賀博之監督）である。ガイナックスは『王立宇宙軍』制作のために組織され、これ一作で解散する予定だったという。『王立宇宙軍』は、監督の山賀をはじめメインスタッフのほとんどが二十歳代半ばで、プロ経験も少なかった。こうした体制で劇場用長編アニメが制作されるのはきわめて異例である。製作のバンダイは、ポスト第二次アニメブームの中で、無名のアニメファン世代クリエイターに任せ、何が生み出されるかに期待した。

地球によく似た惑星にあるオネアミス王国で、落ちこぼれ集団とみなされていた宇宙軍に所属する主人公らが、有人宇宙飛行計画に参加し、成功するまでのストーリーである。その舞台は、街並から小道具まで徹底的に「異世界」を思わせるようにデザインされた。ディテールへのこだわりと、基本的なストーリーはシンプルでありながら難解なセリフや主人公らのとりとめのない会話劇を混ぜ込んで、従来の娯楽アニメにはない構成を見せた。

興行成績は不調だったが、ガイナックスは存続することになり、第二作として制作されたのが、庵野秀明の初監督作品となるOVA『トップをねらえ！』（一九八八～八九年、全六話）である。こちらは一転して美少女と巨大メカとの組み合わせや、タイトルに象徴されるパロディで、自主制作時代に多くのパロディを手がけたガイナックスらしい内容である。加えて、作品後半のシリアスな展開、奔放なSF設定などでアニメファンから強い支持を集め、OVAならではの快作になった。

次作がテレビアニメ『ふしぎの海のナディア』（一九九〇〜九一年）で、こちらも庵野が総監督を務め、ケレン味ある大衆的な内容で人気を得た。

ガイナックスのこれら初期三作品は、いずれも作風が異なる。偶然と幸運が重なったとはいえ、アマチュア集団がいきなり大規模な商業作品を手がけ、ポスト第二次アニメブームの中で画然と存在感を確立できたのは、「自分たち世代」のアニメファンでありながら、マニアックさと大衆性とのバランスを取ることができたからにほかならない。

以後のガイナックスはアニメの新企画を実現できない時期が続いたが、庵野が中心となり、徐々に具体像を帯びて実現したのが『エヴァ』だった。

テレビアニメ『新世紀エヴァンゲリオン』は、一九九五年一〇月から翌年三月まで、全二六話で放送された。放送前からアニメ専門誌などで特集記事が組まれ、ファンからは注目されていた。

ストーリーの大枠は、少年少女が人型兵器エヴァンゲリオンに搭乗し、敵と戦うオーソドックスなものである。主人公の碇《いかり》シンジは戦う意志がまるでない少年だが、一方で家族の愛情に飢え、第一話で父親から半ば無理やりエヴァンゲリオンの操縦者にさせられてしまう。先行作品から似たような展開を思い出すのは難しくない。

しかし、舞台や登場人物の背景が作中でほとんど明かされず、また「使徒」という敵がどこから何の目的で地球に襲来するのかもわからないまま回が進められた。特に、作品世界の一五年前に発生した「セカンドインパクト」なる大災害とその後の紛争で、人類の大半が死滅したというが、その詳細も伏せられた。

ファンが固唾を呑んで謎解きを待つ中で、最終二話でそれまでのストーリー進行から一転し、主人公の内面を掘り下げる自己分析の内容になった。第一話から積み重ねられた謎が謎のまま、終幕を迎えたのである。

後になって制作者側から、この結末はもとから用意されていたもの、あるいは制作スケジュールが逼迫していたなど、さまざまな発言が出たが、リアルタイムで見ていたファンには衝撃的だった。

ファンたちは、当初はパソコン通信で、次いで普及していったインターネットで議論を交わし、あるいはファンそれぞれが脳内で作品を補完させようとした。やがてその議論は社会学者、精神医学者、哲学者まで広がり、主人公に強く感情移入するファンの動態を含めて「エヴァ現象」と称された。一つのアニメ作品の議論がここまで拡大し、影響力を獲得したのは、日本のアニメ史上初めてのことだった。

子ども向けを脱したテレビアニメ

一九九五年は、一月の阪神・淡路大震災、三月の地下鉄サリン事件などで、既存の枠組みや価値観が大きく揺らぎ、平成史最大の転換点とされる。『エヴァ』は一〇月放送開始だが、企画は数年前から動き出しており、九五年の世情をそのまま反映したものではない。

また、作中のセカンドインパクトに端を発する描写には終末思想が漂い、大震災やサリン事件とイメージが重ねられかねなかったが、『宇宙戦艦ヤマト』にしろ『風の谷のナウシカ』にしろ、アニメでは世界の終末を物語の発端とするのは珍しくない。

『エヴァ』で重要なのは、完全に子ども向けを脱し、明確に中高生以上のアニメファンに向けて、映画やビデオではなく最も大衆的なテレビアニメとして制作したことである。しかも、『ヤマト』によって形成された最初のアニメファン世代の庵野秀明が、ファン好みの世界観やキャラクター、メカニックを前面に出しながら、最終話に至ってファンの期待とはまったく異なるスタイルをとった。

結果として、視聴者の賛否は分かれたが、作品やキャラクターに深く共感したファンも多かった。つまり、アニメファンが自覚していなかったかもしれない潜在的欲求を呼び覚ましたのが『エヴァ』であり、庵野だった。

次に、テレビアニメの放送時間枠である。『エヴァ』の本放送時の時間枠は水曜の一八時三〇分から一九時だった。地方局では曜日や時間帯が異なる例もあったが、いずれにせよおおむね従来のテレビアニメ放送枠に収まっていた。

ところが、本放送終了後の話題の拡大を受け、九七年一月から二月にかけて、各局で深夜一時台、二時台を使って再放送が始まり、二～四％という深夜放送としては高い視聴率を記録した。これが、深夜帯に放送されるテレビアニメ、いわゆる深夜アニメが増加していく一因になった。アニメファンのための新たなテレビアニメ放送枠の「発見」だった。

そして、テレビ放送終了後に発売されたビデオパッケージ（VHS、LD、DVD）の売上が大きく伸びた。一〇万本売れれば大ヒットといわれる市場で、『エヴァ』は二〇〇万本を超えたという。テレビアニメにおいて、ビデオパッケージの売上を見込んだ上で製作を行うビジネスモデルを示したのも『エヴァ』だった。

九五年といえばWindows95が発売され、日本でのインターネット普及元年にも相当する。しかし今日のようにネット配信による作品視聴の時代ではなく、話題の『エヴァ』を見ようとすれば、ビデオが必要だった。

日本アニメ史最大の転換点

この後『エヴァ』は、九七年に劇場版三作（旧劇場版）、二〇〇七年からは新劇場版とされる四作が公開され、テレビアニメシリーズ放送開始から四半世紀にわたってアニメ界とファンの動向に影響を与え続けた。テレビアニメ版から劇場版まで、これだけ長期間を一人のアニメ監督がその任に就き続けたのは、庵野秀明だけである。

しかし、ストーリーやキャラクター造形、ファンの動向、アニメによるビジネスの様相にまで影響を及ぼしたのは、一九九五年のテレビアニメ版である。その成果は『鉄腕アトム』や

『宇宙戦艦ヤマト』、『機動戦士ガンダム』に匹敵し、結果として一九九五年は第三次アニメブームの始まりの年として印象づけられただけではなく、日本アニメ史上の最大の転換点を迎えたと捉えられるのである。

2 『攻殻機動隊』――3DCGは敵か味方か

押井守の二度目の出世作

一九九五年、アニメ史の中でもう一つの重要作が公開された。『GHOST IN THE SHELL／攻殻機動隊』、監督は押井守である。

原作は士郎正宗《しろうまさむね》の同タイトルの漫画で、一般的な知名度は高くなかったが、押井は得意とする都市描写、姿が見えない電脳空間のハッカー、サイボーグ化された登場人物など、近未来SFの要素を存分に盛り込みながら、緻密な描写の中に虚無感が漂う世界の創造に成功した。

押井は九〇年代半ばにかけて、OVAのほか、三本の実写映画を監督している。二〇〇〇年代以後もアニメと実写との双方で活動を続けるが、『攻殻』の頃は『うる星』以来の堅固なファンに支持されたアニメ監督だった。

また、『攻殻』では手描きに加えて多くのデジタル処理がなされており、その技術的側面が注目されていた。

公開翌年の一九九六年夏、大きなニュースが海外から伝わった。『攻殻』がアメリカのヒットチャート誌「ビルボード」（八月二四日付）で週間ランキング第一位を獲得したというのである。

もっとも、『攻殻』がランクインしたのはホームビデオ部門だった。「ビルボード」といえば、坂本九《さかもときゅう》の「上を向いて歩こう」が「ＳＵＫＩＹＡＫＩ」のタイトルでシングルカット部門第一位になったことで知られるが、以後今日まで第一位を獲得した日本のミュージシャンはいない。『攻殻』のランクインは、ある種の珍事となった。その余波で、押井守の名がメディアに取り上げられた。

また、本作のアメリカでの成功が伝えられる中で、「Japanimation（ジャパニメーション）」という語が添えられていた。これは「Japan Animation」の合成語とされ、和製英語ではなく現地で実際に使われていた語である。

つまり、そうした新語ができるほど日本のアニメが海外で人気を獲得し、その象徴的な存在として『攻殻』が取り上げられたのである。

海外におけるアニメ人気の実像については、次章で取り上げるが、このJapanimationは九〇年代後半の一時期、日本のメディアでかなり刺激的に使われた。

一九九五年にはさらにもう一作、日本はもとより世界的に重要な作品が公開されている。アメリカのピクサー・アニメーションスタジオが制作した長編『トイ・ストーリー』（Ｊ・ラセター監督）である。それまで技術的な試行錯誤が続いていたフル３ＤＣＧを全編使用し、かつその完成度の高さで、世界的に大きな影響を与えた。

ＣＧ、つまりコンピュータグラフィックスを使用した世界初のアニメーションは、アメリカのＪ・ウィットニーが制作した『カタログ』（一九六一年）である。単純な線や図形を動かすスタイルで、国内でも一九六七年、『風雅の技法』（山田学《やまだがく》・月尾嘉男《つきおよしお》）が初のコンピュータアニメーションとして、草月実験映画祭で公開された。

しかし、この頃のＣＧは映画というよりも理工学の仕事で、宇宙開発や軍事などにおけるシミュレーション映像技術として開発されていた。『風雅の技法』制作者の二人も、東京大学に所属する都市計画の研究者だった。

七〇年代後半になると、映画の特殊効果としてＣＧが応用されはじめたが、まだまだ手描きの代替にはなり得なかった。

その一方で、技術開発のスピードを考えるとＣＧの発達は必然で、手描きアニメーターがコンピュータに取って代わられるのではないかともささやかれ、アニメにとってＣＧは招かれざる客、という論調まであった。

こうした認識を一変させたのが、ピクサーの第一作となった短編アニメーション『ルクソー

Jr.』（一九八六年）である。大小の電気スタンドがあたかも親子のように寸劇を演じる二分間の作品で、多くのアニメーション関係者を驚かせた。

最先端の3DCGでありながら、日用品の電気スタンドが「キャラクター」として演技し、愛嬌や人間味に溢れ、動かないものを動かすアニメーションの本質を完全に実現していたからである。この愛嬌と人間味は、コンピュータを操作したアニメーターの技術の賜物だった。どんなにCGが発達しても、動かすのはあくまでアニメーターの才覚であることを、本作は印象づけた。

ただ、電気スタンドのような工業製品は動かせても、人間の表情の変化のような不定形の動きは、CGの不得意分野だった。そして『ルクソーJr.』から約一〇年、この問題を解決し、良質の娯楽として完成したのが『トイ・ストーリー』だった。

セルへのこだわりと3DCG

『トイ・ストーリー』以後、3DCGが新しいアニメーション技術として世界的に広がりはじめるが、日本は例外だった。

日本のアニメ技術者は、『トイ・ストーリー』以前からコンピュータを使った作画技術の研究を続けていた。東映動画やタツノコプロは七〇年代から動き出し、また一九八四年公開の長編アニメ『SF新世紀レンズマン』（広川和之《ひろかわかずゆき》・川尻善昭監督）ではメカニックや特殊効果にC

Ｇが導入された。しかし、日本のアニメファンは従来のセル画に対するこだわりが非常に強く、３ＤＣＧへの拒絶反応があった。

セル画の質感は独特である。平板で色数が少なく、手描きに適うよう線や細部は省略されているが、透明感や光沢、そしてセル画特有の肌合いがある。セル画そのものは世界共通の素材だが、日本のセル画は固有の進化を遂げ、見る者の美意識が生まれ、魅力を獲得してきたといえよう。

その一方で、アニメ制作へのコンピュータの導入は制作工程の合理化、効率化に直結し、すべてを拒絶するには及ばないことは、アニメ制作関係者もわかっていた。

こうした中で、押井の『攻殻機動隊』は、コンピュータ導入はなにも３ＤＣＧだけではなく、従来の２Ｄセルアニメをベースにして、そこにデジタル処理を重ね合わせ、手描きでは表現し得ない質感を示したのである。

『攻殻』の制作スタジオはプロダクションI.Gで、設立は一九八七年一二月、タツノコプロの制作分室が母体になった。設立者の石川光久《いしかわみつひさ》（一九五八〜）は、当初からアニメ界の旧態依然とした商習慣の変革に意欲的で、スタジオジブリの鈴木敏夫《すずきとしお》（一九四八〜）と並び、プロデューサーという立ち位置でアニメ界での影響力を発揮してきた。

押井守によれば、「『攻殻』が終わったあとに、本格的にデジタル化をはじめた。「これからは絶対にコンピューターだ。早くやったもの勝ちだ」って、石川をけしかけた」そうだが（梶《かじ》山寿子《やますみこ》『雑草魂　石川光久』日経BP、二〇〇六年)、以後のプロダクションI.Gは、国内トップクラスの手描きアニメーターの職人技と最新のデジタル技術とを重ね合わせて、先鋭的な映像表現を追求している。

ガイナックスから分離したスタッフが一九九二年に設立したゴンゾ(GONZO)は、アニメのデジタル制作を目的の一つとして活動した。その成果がOVA『青の6号』(一九九八~二〇〇〇年、全四話、前田真宏《まえだまひろ》監督)で、メカニックや水(海の波)の描写などに3DCGがふんだんに使用された。

一九八六年設立のスタジオ4℃は、テレビアニメや劇場用長編など大規模な作品ではなく、CMやミュージッククリップなどの短編アニメを所属クリエイターが個別に制作する独特の社風で成果を積み重ねた。特に森本晃司が制作した短編アニメは、セル画の質感を残した2Dの絵柄をデジタルで制作し、アナログ作画とは異なる造形美を示した。

一九八七年開催の第二回広島国際アニメーションフェスティバルに審査員として来場し、ピクサーの『ルクソーJr.』を見た手塚治虫は、会場で次のようなコメントを残している。

CGは確かに二一世紀の映像言語と言われているんですが、限界がありまして、凝れば凝るほど冷たくなるんです。で、これから一五年くらいしたら、おそらくCGの非常に緻密な映像と、手描きのアットホームな映像とがうまくミックスされた作品が出てくると思います。そういうものに期待したいですね。

（NHK教育「文化ジャーナル」一九八七年九月四日放送）

手塚はこの約一年半後に他界するが、九〇年代末以降、日本のデジタルアニメはまさに手塚が予言したとおりに発達していくことになる。

3『もののけ姫』大ヒット――ジブリが国民的アニメへ

スタジオジブリ人気

アニメ低成長期にあっても、スタジオジブリ作品は観客を集めていた。『魔女の宅急便』以後、『おもひでぽろぽろ』（一九九一年、高畑勲監督）、『紅の豚』（一九九二年、宮崎駿監督）、『平成狸合戦ぽんぽこ』（一九九四年、高畑勲監督）、『耳をすませば』（一九九五年、近藤喜文《こんどうよしふみ》監督、宮崎駿脚本）といった形で、ほぼ毎年一本のペースで長編アニメを制作した。興行収入も、三〇～四〇億円台に達している。

東映動画在籍中から長編アニメ制作を共にした宮崎駿と高畑勲だったが、彼らが東映動画を去り、また東映動画もテレビアニメ主体になった中で、かつて東映動画が目指した「東洋のディズニー」のエッセンスは、宮崎と高畑によってジブリに引き継がれたかに見えた。

しかし、当時のジブリがディズニーと比べて決定的に違っていたのは、金儲けを考えていなかった点である。良質の作品を送り出すことにこだわり、キャラクターグッズやビデオなど関連商品の大々的な販売や、海外興行などには積極的ではなかった。

ただ、『おもひで』以後、ジブリは所属スタッフの社員化と固定給与制を導入し、待遇面を改善させた。動画を一枚描いて何円という出来高制がアニメ界では常識で、結果として一ヵ月の報酬が一〇万円に満たないアニメーターは、いまもいる。新人クラスのアニメーターなら、動画一枚あたり二〇〇円前後である。

『もののけ姫』と『千と千尋』

一九九六年、ジブリはディズニーと提携し、当時制作が進んでいた『もののけ姫』を世界配給することになった。ビデオ（DVD）も、アメリカで本格的に発売されるようになった。あくまで国内事業に集中するジブリの業容が変わって、本格的に「東洋のディズニー」へと転換する分岐点である。

そして一九九七年七月、宮崎駿の七本目の長編監督作品『もののけ姫』が公開された。自由で壮大なファンタジーを基調とし、役割が明瞭なキャラクターを配して、暗から明へと向かうストーリーパターンがそれまでの宮崎の作風だったが、そこから大きく変わった『もののけ』は、古くからの宮崎ファンを戸惑わせた。

舞台は中世の日本、辺境の村に住む少年アシタカは、タタリ神と呼ばれる化け物を退治する途上、右腕に呪いを受けた。そのため村にいられなくなったアシタカが、呪いを解くための旅に出るところからストーリーが始まる。

作品の随所に差別と憎悪、エゴが渦巻き、自己中心に生きる人間たちが容赦なく描かれる。その一方で、宮崎作品の定番だった理想像としてのヒロインや共同体などは消えた。宮崎ファンが少なからず驚き、戸惑ったのは、このためである。

しかし興行収入は、実に一九三億円（コロナ禍のリバイバルで約八億八千万円追加）に達し、それまで日本で公開されたすべての映画の興行収入トップの記録を長らく維持してきたＳ・スピルバーグ監督の『Ｅ.Ｔ.』（一九八二年、一三五億円）を大きく追い越した。アニメとしては空前の大成功であり、本作によって宮崎駿とスタジオジブリは真に国民的知名度を獲得した。

屋久島をモデルにしたとされる樹林の圧倒的な表現から、ハンセン病患者や女性労働者の立ち位置をはじめとする倫理・社会的思考まで盛り込んだ本作は、それまでアニメが不得手にしてきた要素をいくつも克服した。特に自然環境は、それっぽく見える山河や樹木を描くにとどまることとさえあったアニメ分野で、生命力を宿しているかのような背景画を描写した。

本作によって、他のアニメは見ないが宮崎作品は見る観客が増加し、また一作を二度三度鑑賞するリピーターも増加したと推察される。そうでなければ、『もののけ』以後の宮崎作品の興行収入は説明できない。

宮崎の次作『千と千尋の神隠し』(二〇〇一年)の興行収入は三〇八億円(コロナ禍でのリバイバル上映で三一六億八〇〇〇万円)、彼は名実ともに日本映画界で不動の存在となった。『千と千尋』は、第五二回ベルリン国際映画祭で最高賞の金熊賞を受賞(アイルランドの劇映画『ブラディ・サンデー』との同時受賞)し、第七五回アカデミー賞の長編アニメーション賞も受賞した。カンヌ、ヴェネツィア、ベルリンの三大国際映画祭でアニメーションが最高賞を受賞したのは『千と千尋』が初であり、アカデミー賞の長編アニメーション賞を受賞した日本のアニメは現在のところ本作だけである。

『攻殻』のところでも述べたように、ちょうどこの頃は日本のアニメが世界的に注目されていた。それまでも日本のテレビアニメは数多く輸出され、一定のファンを獲得していたが、同時に日本のアニメは暴力的で性的表現が頻発するため、批判も多かった。『千と千尋』の成果は、こうした海外での日本アニメのネガティブな評価が見直されるきっかけにもなったのである。

4 深夜帯がテレビアニメの主戦場

深夜アニメの歴史

『新世紀エヴァンゲリオン』の深夜帯での再放送が成功し、おおむね二三時以降の深夜帯がテレビアニメの新たな放送枠として注目されるようになった。

テレビアニメの深夜帯放送は、この時期が最初ではない。深夜帯第一作は一九六三年九月放送開始の『仙人部落』で、『鉄腕アトム』と同時期である。また、一九六九年には身近な法律問題を五分間で描く『六法やぶれクン』というユニークなテレビアニメシリーズが深夜帯で放送された。

こうした異色の存在ではなく、深夜アニメとしてある程度の作品群がまとまってくるのは八〇年代後半からである。ただ、全般的な傾向として、放送時間が五分程度の短編だったり、深夜のバラエティ番組の一コーナーだったりするなど、従来のテレビアニメ史の流れに沿うような決まった時間枠で一話三〇分というものではなかった。

一九九二年一〇月放送開始の『スーパーヅガン』は、毎週一回三〇分連続放映の形式で制作された最初期の深夜アニメである。麻雀漫画のアニメ化で、深夜帯ならではの内容だが、同時にアニメファン向けの題材とはいえない。

『エヴァ』以後の深夜アニメといえる作品の制作本数を見ると、九七年から二〇〇二年にかけては年間一五～二十数タイトルで推移している。これも決して少ない数ではないが、その後急速に増加し、〇五年には七〇タイトルを超え、さらに数年で一〇〇タイトルの大台に達する。

九〇年代末にかけて制作された深夜アニメのタイトルからいくつか拾うと、『エルフを狩るモノたち』（一九九六年）、『剣風伝奇ベルセルク』（一九九七～九八年）のようなマニアック系の作品に混じって、自動車の走り屋を題材にした『頭文字D《イニシャルD》』（一九九八年）、浦沢直樹《うらさわなおき》原作の

『MASTERキートン』（一九九八～九九年）、森川《もりかわ》ジョージ原作の『はじめの一歩』（二〇〇〇～〇二年）など、アニメファンというよりは残業を終えて深夜に帰宅した漫画好きのサラリーマンが、何気なくテレビをつけたときに見るのを狙った作品も並ぶ。

『エヴァ』の再放送が深夜帯で盛り上がり、ビデオ売上を含めてリクープするビジネスモデルが発見されたといっても、本当に深夜帯が主戦場になるのかどうかの模索が、数年間は続いていたのである。

深夜アニメの急増

深夜アニメはOVAと似たところがある。深夜という時間帯からして視聴者層を絞り込めるし、テレビ局によっても異なるが深夜帯の放送枠は廉価で買い取ることができ、アニメ制作費とのバランスが取りやすかった。結果として、ターゲットを絞った小粒な作品が制作できた。

このため、毎週一回三〇分連続放送でありながら、深夜アニメならではのスタイルがさまざま生み出された。

まず、一クール一三話という短いシリーズが急増した。テレビアニメは伝統的に四クール五二話（放送期間一年）、短くても二クール二六話で制作されてきた。特に、一人の主人公の成長を描くような大河ドラマ形式のストーリーであれば、長期放送が前提になる。

しかし長期放送であれば、そのぶん制作費がかさみ、不人気だった際のリスクも大きい。アニメ低成長の時代を経て出現した深夜帯の作品は、短いシリーズが合理的だった。

そして、短いながら放送が終わって、DVDの売上などが良ければ、半年ないし一年経ってから続編を「セカンドシーズン」などと銘打って制作するのである。

二〇〇五年四月、深夜アニメとして『ハチミツとクローバー』の放送が始まった。放送局のフジテレビはこの番組枠に「ノイタミナ」という名称をつけた。すでに年間七〇タイトルを超える制作数になっていた深夜アニメ界で、一種のブランド化を目指したのがノイタミナである。番組のホームページには、「〝ノイタミナ〟とは〝Animation〟を逆読みしたもので、「アニメの常識を覆したい」「すべての人にアニメを見てもらいたい」という想いから名付けられています」とある。

『ハチミツとクローバー』
【I & II】コンプリート Blu-rayBOX 発売中
Blu-rayBOX：30,800円（税込）
発売元：アスミック・エース / フジテレビ
販売元：KADOKAWA
©羽海野チカ / 集英社 / ハチクロ製作委員会

実際、ノイタミナの第一作となった『ハチクロ』は羽《う》海《み》野《の》チカの漫画が原作で、美術大学を舞台にした恋愛もの、しかも読者層は比較的高年齢の女性だった。これを深夜アニメとして制作した意図には、多少なりともアニメの新たな視聴者層の開拓があったことになる。以後、ノイタミナ枠で放送される作品には、ひとひねりが加わった新しさがあり、多くの支持を集めるようになった。

こうして深夜アニメが急増する中で、年間のテレビアニメ放送タイトル総数は、二〇〇四年には二〇三タイトル、〇五年は二〇八タイトル、〇六年は二七九タイトルまで増加した。翌〇七年から減少に転じるため、『エヴァ』放送の九五年から始まった第三次アニメブームは二〇〇六年で頂点を築き、その後終息したと見ることもできる。しかし二〇〇六年は、劇場用長編の注目作が複数あり、これを含めて次章でもう一度取り上げる。

製作委員会と多チャンネル化

深夜アニメ増加の背景には、製作委員会方式の定着がある。製作委員会とは、複数の企業（スポンサー）が作品製作資金を出資し合い、その企業が出資比率に従って利益や損失を分散するシステムである。

アニメは従来から複数のスポンサーで製作されてきたし、製作委員会という名称そのものは『風の谷のナウシカ』や『ＡＫＩＲＡ』でも使われた。したがって、テレビアニメを含めて多くの作品で製作委員会が登場した九〇年代末に、まったく新しいシステムが誕生したわけではない。

ただ、製作委員会方式が定着したとされる九〇年代半ば以降、作品製作におけるリスク分散が強く意識されるようになったのは確かである。それは、テレビアニメが一クールという短いシリーズでの製作が一般化したことにもつながる。短いシリーズなら、たとえ大ヒットしたとしても得られる利潤は相対的に少なくなるが、その短いシリーズを多数製作すれば薄利多売の商習慣をもって維持できる。

製作委員会の組織や運営形式は時代によって変化しており、一概にその是非を論じにくいが、少なくとも深夜アニメ増加によって年間のテレビアニメ放送タイトル数が三〇〇近くにもなったベースには、製作委員会の定着による環境の変化があった。

もう一つの背景が、多チャンネル化である。従来のテレビアニメは、NHK以外の民放（日本テレビ、TBSテレビ、テレビ朝日、フジテレビ、テレビ東京）の場合、多くがキー局を中心として組まれたネットワークでテレビアニメを放送していた。しかし深夜アニメ時代に入ると、ネットワークに属さないUHF放送局の深夜帯が深夜アニメの放送枠に加わったこと、さらには衛星放送（BS放送、CS放送）の普及もあって、テレビアニメの放送枠が拡大した。

第三次アニメブームによる変化

一九九五年から始まった第三次アニメブームでは、『新世紀エヴァンゲリオン』のヒットによるアニメビジネス環境の変化、深夜アニメの増大、CGの発達によるデジタル制作の模索と移行、そしてスタジオジブリ作品の日本映画興行収入記録の更新と世界的評価の獲得などがあった。海外での日本のアニメ人気が意識され、これがビジネス環境の変化をも促した。『エヴァ』によるアニメビジネスの変化の中で、DVD売上が資金回収に見込まれるようになったが、これは同時に、テレビ放送の意味の変化を示す。つまり、テレビ放送は新作アニメのプレゼンテーションであり、テレビ放送で「商品」を「確認」した視聴者が最終目的としてDVDを購入するのである。これは、次の時代にインターネット配信が普及して、テレビ放送の意味が再び問われるまでの伏線になった。

深夜アニメの多作、海外でのアニメ人気、そして手描き感にこだわるアニメファンが多い中でCGをどう使うかなど、この時期の変化はどれも現在のアニメに直結する。その意味で、第三次アニメブームの始まりとなった一九九五年は、日本のアニメが「近代」から「現代」に入った、大きな転換点だったのである。

そればかりではない。九〇年代のアニメ界では、強い個性を持ち独自の制作スタイルや公開形式を駆使して、古い慣習を打ち破る作家が目立ってきた。その先駆け的存在が押井守や庵野秀明であり、二〇〇〇年代にかけて台頭する今《こん》敏《さとし》や新海誠である。

長く不況期にあった日本映画で、九〇年代、大手映画会社での下積みではなく自主制作を出発点にして、ミニシアター公開を選ぶ映画監督が増えた。漫画界でも同時期、同人誌での活動を経てメジャーになる作家が続出した。

九〇年代前半のアニメも低迷期にあり、後半は第三次ブームに入ったが、九〇年代は低迷期があったことにこそ意味があり、低迷期を経てのブーム形成、二〇〇〇年代への変化と継承、そしてアニメ史における「近代」から「現代」への移行を認識すべきかもしれない。

第9章

2006年
グローバリズムの光と影

『らき☆すた』の舞台となった埼玉県・鷺宮神社。
作品の舞台を訪問する「聖地巡礼」の先駆けになった。
読売新聞社提供

1 anime人気と海賊版

第三次アニメブーム期、海外から日本のアニメが注目され、「Japanimation」なる語が国内メディアで盛んに使われた。Japanimationは、確かにアメリカで誕生した語だが、歴史的に日本文化になじみが薄い東海岸地域で、しかも業界関係者が日本製アニメであることをわかりやすく表現するために造られた語だとされる。つまり、ファンが使い出した語ではない。

アメリカでも七〇～八〇年代に、現地で輸入・放送されていた日本製アニメに注目したファンは存在し、やがて彼らはそれを「anime」と呼ぶようになった。日本語のアニメをローマ字表記して、英語圏での外来語としてanimeを生み出し、animationとは区別した。ファンたちは、従来のアニメーションとは違うものとして日本製アニメを認識したのである。そして彼らは、Japanimationを使わなかった。

輸出先で再編集される

日本のアニメの海外輸出が組織的に行われたのは、東映動画初の長編アニメ『白蛇伝』、虫プロの『鉄腕アトム』、タツノコプロの『マッハＧｏＧｏＧｏ』など、一九五〇年代後半から六〇年代というアニメにとっての黎明期にあたる。

『アトム』は全一九三話のうち一〇四話がアメリカへ輸出され、『Astro Boy』のタイトルで一九六三年秋から放送された。当時子どもだったアメリカ人の一定数は「アストロ・ボーイ体験」を経ているという。

初期の海外輸出では、輸出先が一括して買い取る方式だったので、現地でいくら売れても日本側の利益は変わらなかった。また、現地でどのように吹き替えられようが、問題のあるシーンをカットされようが、日本側は関知しなかった。

さらには、複数の作品が一つのシリーズとして放送されることもあった。アメリカなどで一九八五年から放送された『ロボテック（Robotech）』は、テレビアニメ『超時空要塞マクロス』『超時空騎団サザンクロス』『機甲創世記モスピーダ』、つまり異なる三作のテレビアニメを一本の作品として、アメリカで再構成・編集したものである。

にわかには信じがたいが、『ロボテック』はアメリカからヨーロッパ、さらには中国にも紹介された。中国でこれを見たファンは、アメリカ製テレビアニメだと信じた。

このようになった原因は、日本側、輸出先である諸外国側の双方にある。日本側は、例外もあるが総じて海外輸出にあまり興味がなく、国内市場中心の業態の中で、余業として輸出を手がけていたに過ぎなかった。

一方の諸外国側は、たとえ子ども向けであっても暴力表現や性表現が頻出する日本のアニメは、そのままでは紹介できなかった。アメリカでは、日本のアニメというだけで拒絶反応を示す放送局関係者がいたほどだった。

そうした中で、日本のアニメを正確に理解し受容しようとしたのは、ごく少数のファンだった。アメリカでは一九七〇年代後半から、どこの誰が作ったのかわからない巨大ロボットやSFものアニメに注目するファンが現れた。やがてそれらが日本製だと気がついた彼らはクラブを組織し、テレビ放送を収録したビデオを交換しながら情報を共有して、ほとんど知る者がいない日本製アニメに関する話題で盛り上がった。

一九九一年八月、アメリカ・カリフォルニア州サンノゼで、「Anime Convention 91」が四日間にわたって開催された。自国のアニメーションにはないストーリーやキャラクター、映像表現に少数のファンが注目して十数年、初めて開催された本格的なアニメ専門イベントである。すでにタイトルには anime が使われ、翌年には「Anime Expo」と名を変えて第二回が開催された。

海外のアニメファンにとって、日本のアニメは最初から anime だったのである。

「オリジナルが見たい」

九〇年代半ば以降、日本のアニメは海外でさらに広く受け入れられていくが、それはやはりファンを中心としたコミュニティに限られていた。

一方、七〇年代に欧米で最初に日本のアニメに注目した世代が成長し、社会で中核的な立場に入ってきていた。海外におけるアニメ第一世代ともいうべき彼らは、かつてズタズタにカット・編集された日本のアニメを、できるだけオリジナルに近い形で紹介したいと考えたのである。

ちょうど、衛星放送やケーブルテレビの普及でテレビの多チャンネル化が進み、アニメを放送できる枠が増加していた。そこで、アニメ専門チャンネルを作りながら、子どもが視聴できない深夜枠を使ってオリジナルを紹介しようとした。

たとえば、テレビアニメ『カウボーイビバップ』（一九九八年、サンライズ制作）は、アメリカでは二〇〇一年九月からカートゥーンネットワークで放送されたが、アダルトスイム（Adult Swim）枠とよばれる、平日なら深夜二三時以降の枠で放送された。本作は、日本人の感覚であればさほどの暴力・性表現は盛り込まれていないが、アメリカではアダルトスイム枠なのである。『カウボーイビバップ』でも出てくる血が見える描写に欧米は非常に敏感で、日本のアニメを輸出・紹介する際の「障壁」にもなっているが、八〇年代以前に比べると、オリジナルを尊重する姿勢は増した。

海外のアニメファンは貪欲である。ノーカット・無修正のオリジナルを、できるだけ早く見たがる。その貪欲さと熱心さは、日本国内のアニメファンと共通する。二〇〇〇年代半ば以降、インターネットの高速通信の普及にともなって、いわゆる海賊版が横行した。その理由は、DVDなどビデオパッケージが高価だという以上に、海外のファンはオリジナルで一刻も早く見たいからである。

海賊版はビデオパッケージでも存在し、インターネットでさらに拡散していった。もちろん、海賊版は決して許されるものではない。しかし、九〇年代、二〇〇〇年代を通じて日本のアニメが海外に伝わり、海外の若者が日本に興味をもつきっかけはほとんどすべてアニメと漫画の影響だといわれるほどになったことに、海賊版がその「役割」の一部を果たしたことも、また実態だった。

2　二つの長編――『ゲド戦記』と『時をかける少女』

宮崎吾朗監督『ゲド戦記』

二〇〇六年七月末、劇場用長編アニメ『ゲド戦記』が公開された。制作はスタジオジブリ、監督は宮崎駿の長男・宮崎吾朗《みやざきごろう》（一九六七～　）である。

公開前年にこの新作の情報が流れると、たちまち話題になった。ジブリは、宮崎駿と高畑勲に続く三番手の監督をなかなか決められず、高齢化する二大巨頭の後継者が注目されていたところ、おそらく誰も予想していなかった息子が登場したからである。

宮崎吾朗は信州大学を卒業後、東京の造園・都市計画コンサルタント会社に勤務し、アニメには無縁だった。二〇〇一年に開館した三鷹《みたか》の森ジブリ美術館のデザインに関わるところからジブリに接近するが、この時点でもアニメを手がける動きはなかった。

一方、アメリカの作家ル＝グィンの小説『ゲド戦記』は、もともと宮崎駿が八〇年代からアニメ化を目論んでいた素材だったが、実現しなかった。ところが、二〇〇三年になってスタジオジブリで映像化が動き出し、当の宮崎駿は『千と千尋』の次回作にあたる『ハウルの動く城』（二〇〇四年）制作中だったこともあって監督就任を断念、プロデューサーの鈴木敏夫が宮崎吾朗を指名し、吾朗もこれを受けた。

いかに絵心があり、またスタッフを率いる人徳があろうとも、まったくの新人がスタジオジブリの猛者たちの先頭に立って長編アニメを監督する状況は、想像を絶する。ガイナックスの長編『王立宇宙軍』では、商業アニメ制作経験がほとんどない山賀博之が監督に就いたし、アニメ未経験の劇映画監督や漫画家が長編アニメを監督した例はいくつかあるが、ジブリの監督席に座った宮崎吾朗の場合は訳が違う。

『ゲド戦記』は公開前から酷評が相次ぎ、それは公開後も続いた。その多くが、結局は「世襲」への批判だった。また、原作との相違を疑問視する例もあったが、これも実態は「もし宮崎駿が監督していたら」というフィルターを一枚通した視点であり、作品を本質的に捉えたとは言えない。

ところが、興行収入は七六億九〇〇〇万円に達し、この年の日本映画第一位になった。宮崎駿の息子の処女作というところからして話題作であり、酷評が刺激になって劇場へ入った観客がいたのは間違いない。しかし、それだけで七〇億円以上の興収に達するとは考えにくく、『ハウルの動く城』に続く「スタジオジブリの新作」とだけ認識して鑑賞した観客の存在は無視できない。

宮崎吾朗はその後もスタジオジブリで長編アニメ『コクリコ坂から』（二〇一一年）、『アーヤと魔女』（二〇二一年）を監督した。また、テレビアニメ『山賊の娘ローニャ』（二〇一四～一五年）は、日本のCG制作スタジオの先駆けの一つ、ポリゴン・ピクチュアズ（一九八三年設立）を制作拠点として監督しており、いわゆるジブリ後継者とは異なる立ち位置で仕事を続けている。

細田守監督『時をかける少女』

『ゲド戦記』公開のわずか二週間前、同じ二〇〇六年七月に、もう一本の長編アニメが公開された。細田守《ほそだまもる》監督の『時をかける少女』（二〇〇六年）である。

細田守（一九六七～　）は金沢美術工芸大学卒業後、東映動画にアニメーターとして入社するが、それより前にスタジオジブリの入社試験を受け、不採用になっている。東映動画では早くから演出へ移行し、『劇場版デジモンアドベンチャー　ぼくらのウォーゲーム！』（二〇〇〇年）の監督で注目を集めた。

この頃、細田はスタジオジブリに入り、長編アニメ制作に取りかかる。かつて門を閉ざされたスタジオでの念願の仕事になるはずだったが、中途で頓挫してしまう。しかしこれが結果的に細田の大きな転機になり、フリーとなって最初に手がけた長編アニメが『時をかける少女』だった。

待ってられない
未来がある。
時をかける少女
THE GIRL WHO LEAPT THROUGH TIME

『時をかける少女』
DVD & Blu-ray 発売中　発売・販売元：KADOKAWA
©「時をかける少女」製作委員会2006

原作は筒井康隆の代表作で、原《はら》田《だ》知《とも》世《よ》主演・大林宣彦監督の劇映画版（一九八三年）を含めて何度か映像化されてきたが、アニメは本作が初めてだった。公開映画館数は当初わずか約二〇館にとどまり、いわゆるミニシアター上映に近かった。

しかし、インターネットを含めた口コミで話題が広がり、結果的に半年以上にも及ぶロングラン上映になった。三〇〇館以上で大々的に公開された『ゲド戦記』とはまったく違う形で二〇〇六年を代表する長編アニメになり、細田守の名が広まるきっかけになった。

以後細田は、『サマーウォーズ』（二〇〇九年）、『おおかみこどもの雨と雪』（二〇一二年）、『バケモノの子』（二〇一五年）、『未来のミライ』（二〇一八年）、そして『竜とそばかすの姫』（二〇二一年）まで、ほぼ三年に一度長編を発表する。高畑勲、宮崎駿、押井守らに続く世代に位置する長編アニメ監督である。

細田の作品では、『サマーウォーズ』や『竜とそばかすの姫』などで描かれたインターネット上の仮想空間が主人公の運命に深く関わる。同時に、さまざまな形の家族と、その中にあって葛藤を抱える主人公が自分自身を見つめ直す道筋が描かれる。『時をかける少女』ではタイムリープ、『おおかみこども』では主人公が狼男と恋に落ちる、『バケモノの子』ではパラレルワールドなど、日常の中にささやかな非現実を挿入することで、主人公の心情や行動を鮮やかに表現する作風は、多くの観客を魅了する。

二〇〇六年は、京都アニメーションの代表作となるテレビアニメ『涼宮《すずみや》ハルヒの憂鬱』も放送され、一九七九年、八四年、九五年と同じく、注目作が重なった年である。しかし、「巨匠の息子」が監督した話題作にして七〇億円超の興収を得た長編と、その巨匠が君臨するスタジオに席を置きながら挫折した同い年の監督による小規模公開の長編とが、ほぼ同時に公開され、対照的な評価を得たことは、アニメ史における二〇〇六年を強く印象づけた。

今敏

そしてもう一人、細田守と同世代で、同時期に長編アニメ監督として出現したのが、今敏（一九六三〜二〇一〇）である。

今敏は武蔵野美術大学在学中から漫画家として活動を始め、卒業後は大友克洋のアシスタントをしながらアニメに接近した。大友が参加したアニメの原画やレイアウトを担当しながらも、監督など中心的な立場での関わりがほとんどなかった中で、劇場用長編アニメ『パーフェクトブルー』（一九九七年）の監督としてデビューを果たした。

制作を担当したスタジオは、一九七二年一〇月、旧虫プロから独立する形で設立されたマッドハウスである。虫プロ系アニメ監督との縁が強く、川尻善昭が監督した長編アニメ『獣兵《じゅうべ》衛《え》忍風帖《にんぷうちょう》』（一九九三年）、りんたろうが監督した長編アニメ『メトロポリス』（二〇〇一年）などを制作した。二〇〇〇年前後からは、設立者の一人にして社長を長く務めた丸山正雄《まるやままさお》（一九四一〜）が見出した若手のアニメ監督に、長編制作を委ねるようになった。それが細田守であり、今敏だった。

今敏はその後、長編『千年女優』（二〇〇二年）、『東京ゴッドファーザーズ』（二〇〇三年）、そして『パプリカ』（二〇〇六年）を発表する。彼も二〇〇六年の主役の一人である。

どの作品も、現実と夢、現在と過去、未来、虚構など、時間や空間が迷宮的に交錯する特異なストーリーで、それをオリジナルで創作した今敏は、日本の長編アニメ史の中でも他に類を見ない独創性を放った。しかし彼は未完の長編企画を残して病没、四六歳だった。

3　第四のメディア――インターネット

二〇〇六年は、長編の注目作が集まりながら、深夜帯を中心に伸び続けていたテレビアニメ制作数が年間二七九タイトルの頂点を築き、以後減少に転じる年でもある。〇七年には二五〇タイトル、〇八年には二三一タイトルで、この傾向は二〇一〇年まで続く。

劇場用アニメでは、〇七年に五一タイトルで頂点に達し、〇八年には三一タイトル、〇九年には四六タイトル、一〇年は五五タイトルと推移しており、減少傾向ではなかったが、年間の興行収入は『千と千尋の神隠し』が公開された二〇〇一年をピークに伸び悩んだ。

さらに、深夜アニメのビジネスモデルの重要な要素だったビデオパッケージの売上は二〇〇五年をピークに減少し、これは二〇二〇年現在まで続く傾向になっている。

こうしたことから、第三次アニメブームは二〇〇六年前後に終息し、新たなブームを誘発する作品を待つ時期に入った。

テレビアニメの新たな潮流

二〇〇〇年代に入って、短い一クール（一三話）の深夜アニメが激増したことは、すでに述べた。その一方で、従来型の制作・放送形態で、新しい方向を示した作品も少なくない。

『機動戦士ガンダムＳＥＥＤ』（二〇〇二～〇三年）は、ガンダムシリーズの前作『∀《ターンエー》ガンダム』（一九九九～二〇〇〇年）から一転して富野由悠季が制作に関わらず、またシリーズで初めて全編がデジタル制作になった。キャラクターデザインは美麗で現代風に変わり、一九七九年の第一作以来のファンではない若い世代に向けた作りが意識された。

『テニスの王子様』（二〇〇一～〇五年）は、「週刊少年ジャンプ」連載漫画のアニメ化で、テニスの名門中学校に入部した主人公の少年を中心としたストーリーである。二〇〇〇年代に入っても、テニスのほか野球、サッカー、バレーボール、バスケットボール、水泳に至るまで、スポーツをテーマにしたテレビアニメは数多く制作された。しかし、かつての「スポ根」のような、主人公が泥まみれ、血まみれになって、コーチから人格を無視するようなスパルタ訓練を受けて栄光をつかむ、といった作風ではなくなった。

これは『ガンダムＳＥＥＤ』でも言えるが、キャラクターデザインや主人公らの性格づけから泥臭さはなくなった。『テニスの王子様』はその象徴的作品で、原作漫画、アニメのほか、ゲーム、ラジオ、実写映画、さらにはミュージカルにまで発展した。ミュージカル版には「テニミュ」の愛称が与えられ、二〇二二年まで公演が続いており、２次元（漫画、アニメ）と３次元（舞台）との要素を併せ持つ「２・５次元」という新たなジャンルを生み出す原動力になった。

『ひぐらしのなく頃に』(二〇〇六年)は深夜アニメだが、原作は同人サークルが制作したゲームである。アニメの原作といえば、漫画、児童文学が主流だったが、ゲームもアニメの近接領域として重要な存在で、九〇年代末からゲーム原作のアニメが増えはじめた。同人サークルによるゲームが原作の本作は、その原作に準じて第一~四話の同じ内容を第五~八話、第九~一三話でそれぞれ視点(主人公)を変えて描くという、それまでのテレビアニメにはなかった構成を見せた。制作はスタジオディーン(一九七五年設立)で、ギャグからシリアスものまで多様なテレビアニメを制作している。

日本風のハイブリッド

二〇〇〇年代に入ってからのアニメを取り巻く変化は、デジタル制作技術の進歩、そしてインターネットの高速通信化である。

日本のアニメファンはセルアニメに対するこだわりが強く、フル3DCGをほとんど受け入れなかった。制作側もこれを重視し、コンピュータによるデジタル技術を使いながら、いかにしてセルアニメ風(セルルック)の画調を再現できるかを研究した。デジタル技術は、セルに一枚ずつ彩色する旧来の技術に比べて格段に効率がよい。

結果として、2Dセルルックの再現性に優れた日本独自のソフトウェア(RETAS STUDIO)が開発された。一方、巨大ロボットなどメカニックや背景画などは、3DCGが効果的である。

したがって2Dによるキャラクターと、3Dによるメカニックや背景画を違和感なく重ね合わせる技術が高められた。

こうした技術は二〇〇〇年代半ばになると安定し、多くの作品で、2D素材と3D素材がハイブリッドに重ね合わされ、従来のセル画風のキャラクターが登場しながら、アナログ時代には作り得なかった造形が可能になった。

3DCG制作の先駆的スタジオだったゴンゾが制作したテレビアニメ『巌窟王』（二〇〇四〜〇五年）や、スタジオ4℃が制作した劇場用長編『マインド・ゲーム』（二〇〇四年）は、そうした技術革新と、それを手中にしたクリエイターによる代表作である。

『マインド・ゲーム』

『マインド・ゲーム』監督の湯浅政明《ゆあさまさあき》（一九六五〜　）は、後にテレビアニメ『四畳半神話大系』（二〇一〇年）や『ピンポン THE ANIMATION』（二〇一四年）、そして長編『夜明け告げるルーのうた』（二〇一七年）などを手がけた。独特の色彩表現や造形性を駆使する湯浅の作品は、国内外で評価されている。

色彩表現は、デジタル技術によって多様性が増した分野である。従来のセル画は絵の具で着彩されるが、その絵の具は最大で三〇〇色程度と言われている。もちろん作品一作でこの三〇〇色すべてを使うわけではない。特にテレビアニメの場合、予算も制作時間も厳しい制限があるため、たとえば『機動戦士ガンダム』では八〇色程度だったという。一方、宮崎駿の『天空の城ラピュタ』では三〇一色に及んだ。しかし、デジタル技術では、理論的には色数は無限に出せる。

『あしたのジョー』などで知られる出崎統が監督したテレビアニメ『源氏物語千年紀 Genji』(二〇〇九年)は、光や風、空気が感じられる画面を作り出し、そこにちりばめられた豊かな色彩は、「止め絵の美学」を追求してきた出崎の、デジタル技術ならではの到達点である。本作は出崎の遺作になった。

インターネット

Windows95 発売以後、インターネットはアニメファンの情報交換ツールとして機能しはじめていた。しかし、アニメの視聴環境として、つまりは第四のメディアとなるのは、光ファイバーなどを用いた高速通信が普及する二〇〇〇年代半ば以降である。アメリカで YouTube が誕生したのは二〇〇五年だった。

ネットの高速通信化によって、アニメ、漫画、ゲーム、音楽など多くのメディアを使って一斉に作品をプロモーションする「メディアミックス」にネットが不可欠になった。

テレビアニメ『交響詩篇エウレカセブン』（二〇〇五〜〇六年）は、大規模なメディアミックス展開を前提にした「Project EUREKA」が組織され、原作をもたないテレビアニメ制作の新しいビジネスモデルを示した作品として注目された。

制作はサンライズから独立したボンズ（一九九八年設立）で、ほかにもテレビアニメ『鋼の錬金術師』（二〇〇三〜〇四年）、『僕のヒーローアカデミア』（第一期：二〇一六年）など、劇場版に発展した人気作を数多く制作している。

さらに、ネットをファーストウィンドウとする作品も現れた。吉浦康裕《よしうらやすひろ》（一九八〇〜　）が小規模体制で制作した『イヴの時間』は、二〇〇八年八月に第一話（一五分）がネットで配信され、以後〇九年九月まで全六話のシリーズ作品となった。

二〇〇六年を象徴的な年として注目する場合、インターネットの存在は外せない。ただ、テレビアニメを同時配信するなど、本質的な意味でネットが第四のメディアになるには、日本では時間がかかった。それは、欧米に比べて周回遅れといってもよいほどだった。

4　新しい風——新海誠の出現

日本の商業アニメ界で長編アニメ監督になるには、長い下積みが必要になる。学校を卒業してスタジオに入り、アニメーターや制作（演出助手）スタッフとして数年を過ごす。その後、テレビアニメの各話演出として演出家デビューし、さらに実績を積んでテレビアニメ一作品の監督、そして長編の監督ができるかどうか、といった具合である。高畑勲、宮崎駿、富野由悠季、押井守、そして細田守らは、みな以上のような道筋を歩んだ。

スタジオジブリの宮崎吾朗のような例はあるものの、劇場用長編アニメの監督は、よほどのことがなければその機会はない。

こうした中で、短編アニメ『ほしのこえ』と、その作者・新海誠の登場は、日本アニメ史にまったく新しい風を吹き込んだ。

自主制作で注目

一九七三年生まれの新海誠は、幼少時からアニメを見つつ、ファミコンなど家庭用ゲームに同時代で触れた世代でもあった。アニメの専門学校などに通うことはなく、中央大学卒業後ゲームメーカーに就職し、彼はそこで絵を動かす技術に職業的な立場で触れた。

その経験を経て、新海は短編アニメを自主制作し、コンテストに応募した。新海の作風に注目するファンができはじめた二〇〇二年二月、彼の商業デビューとなる短編アニメ『ほしのこえ』が公開された。

ストーリーは近未来、任務のため宇宙へ派遣された彼女と、地球に残った彼とは携帯電話でメッセージをやりとりしていた。しかし彼女が地球から遠ざかるにつれて、メッセージ送受信の時間は長くなり、ついにはそれが数年に及んでしまう。

遠距離恋愛の二人の距離感を二五分で描いた形だが、圧倒的だったのはその風景描写である。ごく普通の街並や屋内、鉄道の踏切など、確実に実景の写真などをベースに作画しているはずなのに、絢爛豪華な色彩と光の表現を重ね合わせたその描写力は、実写以上といえるものだった。それはあたかも、もの言わぬ風景に何かを雄弁に語らせようとする迫力があった。

新海はこれを、ハイスペックなものの一般的といっていいパソコンとソフトウェアを使って、ほぼ単独で制作した。技術がそれだけ進歩したのは確かだが、それ以上に、個人制作でここまでの表現が可能になったこと、その「作り方」「見せ方」に、プロを含めた多くの鑑賞者が感服した。

『ほしのこえ』
©Makoto Shinkai / CoMix Wave Films
DVD：2,286円＋税
発売：コミックス・ウェーブ・フィルム

『ほしのこえ』でもう一つ、きわめて印象的だったのが、長いモノローグ（独白）である。登場人物の心の声が作中で延々と流れ、その間は風景など、ときには静止画が重ねられる。絵を動かすのが使命のアニメーションで、モノローグの多用は一種の邪道と考えられかねなかったが、新海は『ほしのこえ』以後の作品でもしばしば使っている。

人物ではなく風景に語らせる一方で、人物には心の声としてのモノローグを多用し、その中で主人公の心の動きや変化を描出する、この独創性と、それをほぼ単独で映像化した新海誠は、個人制作アニメの範疇を超えて、新世紀のアニメそのものに一石を投じた。

編集を自身で行う監督

新海誠の弱点は、キャラクターの作画能力にあった。『ほしのこえ』でも、風景描写やメカニックの作画は個人制作の域を超えていたが、キャラクターの作画には拙さが目立った。そのためか、次作のNHK「みんなのうた」の一本として手がけた『笑顔』(二〇〇三年)では、作画専門のスタッフと組み制作した。

新海は初の劇場用長編『雲のむこう、約束の場所』(二〇〇四年)以後もコンスタントに作品を発表し、『秒速5センチメートル』(二〇〇七年)、『星を追う子ども』(二〇一一年)、『言の葉の庭』(二〇一三年)などを制作した。

アニメ制作の規模が大きくなると、単独制作は困難である。新海は、アニメ制作スタジオのコミックス・ウェーブ・フィルムを拠点にしているが、大規模な体制になっても単独制作の真髄を捨てなかった。それは彼特有のさまざまな手段に反映されており、中でも編集をほぼ単独でこなす制作法は特筆すべきである。

長さが二時間程度の長編アニメであれば、一五〇〇カット前後で構成され、カットごとに制作された映像がつなげられて一本の映画になる。ただ、多くのスタッフによる分業で仕上がったカットをつなげてみると、個々のカットやシーンがほんの少し長く感じたり、逆に短すぎて落ち着かない印象を受けたりすることがある。ここで、長さを微調整したり、場合によっては場面そのものを削除したりして、映像をつなぎ直す作業が映画における編集である。通常の監督は映像をチェックして指示し、実際の編集作業は専門スタッフが行うが、新海は作業自体を自分で行う。

たとえ多くのスタッフによる集団作業であっても、最終的に一本の映画に仕上げる編集を自分自身で行って、自身のタイミング感覚を作品に反映させ、個人制作時代の本質を堅持しているのである。

美大や専門学校で絵を学ぶことなく、アニメ制作会社での下積みもなく、デジタル技術発達の恩恵を受けて実写以上の描写力による短編アニメを、新海は単独で制作した。その評判は新たなメディアであるネットで拡散して、わずか二年後に長編アニメを完成させた彼の道筋は、九〇年代から二〇〇〇年頃にかけてアニメ界の周辺で起きた変化をきわめて幸運な形で享受し、形成されたものだった。

アメリカなど諸外国と比較して、デジタル制作の方向性をいまひとつ出せないでいた日本のアニメ界に対して、新海の仕事は一つの典型を指し示した。その原点というべき彼の『ほしのこえ』は、日本のアニメ史を『ほしのこえ』以前と以後とに区分できるほどの価値がある。

5 『涼宮ハルヒの憂鬱』と京都アニメーション

日本アニメの「ガラパゴス化」

『鉄腕アトム』以後、日本のアニメはいくつかのステップを経て独創性を増したと、これまで何度か書いてきた。この独創性は、各アニメスタジオでアニメーターらが苦心惨憺しつつ編み出してきたもので、それはスタジオや限られた集団、いわば流派の中で継承されてきた。したがって、その技術は門外不出とまではいえないものの、マニュアル化されない形で二一世紀に入った。

これは、別の言い方をすれば「ガラパゴス化」である。フル3DCGを拒絶したところなどは、反グローバリズムともいえる。

コンピュータによるデジタル制作を例にとれば、日本のアニメ制作者はコンピュータを「技術」ではなく「画材」だと捉えたところがある。コンピュータを使えば、それまでにない色彩やメカニック表現が可能となり、作業効率も向上させ得るが、決して万能ではなく、技術を使うアニメーターの力量や独創性に依存する。となれば、結局マニュアル化は難しい。

デジタル制作が定着すると、ワークフロー（作業手順）をスタジオ間でどう共有し、統一するかという新たな課題が生まれた。つまり、紙に手描きする手法に長年親しんだアニメ制作者らは、デジタル制作した素材データをパソコンのネットワーク上でどう保存・共有し、外注スタジオと分業するかのワークフローを新たに構築する必要があった。

理想的には、一つの場で完遂したいのだが、限られた予算と時間に追われながら作業を進めなければならないスタジオには困難だった。ところが、この理想を実現したスタジオがある。それが、京都アニメーションである。

聖地巡礼

京都アニメーションは一九八一年創業で、その名のとおり京都（宇治市）に拠点を置いた。設立当初は主にセルに着彩する工程を下請けし、その後スタッフを増やしながら、請ける仕事も作画、演出へと拡大した。

京アニがテレビアニメシリーズ一本を自社で制作するのは二〇〇三年からである。設立から二〇年以上、さまざまなスタジオの下請けを担当していたことになる。

大手スタジオから独立して新しいスタジオができるのは珍しくない。設立当初こそ、他社の仕事を手伝うなどしていたとしても、数年後には自社制作にこぎつけようとする。京アニのように、二〇年以上も「下積み」期間を経て自社制作に入るのは異例だった。

ただ、このことが京アニの強みとして活かされた。数多くのスタジオの仕事、そして多種多様な作品を手がけたために、アニメ制作や表現に関するあらゆる技術やノウハウを蓄積できたからである。

テレビアニメ『涼宮ハルヒの憂鬱』（二〇〇六年）は、京アニの名を広く知らしめた作品である。高校生の主人公による日常系の学園ものではあるが、そこに突飛で奇抜な言動や小さな非日常を加えて、SFともコメディとも捉えられる世界を描いた。以後、学園ものは京アニが得意とするジャンルになり、『けいおん！』（二〇〇九年）、『Free!』（二〇一三年）、『響け！ユーフォニアム』（二〇一五年）など、部活に打ち込む主人公を活き活きと描いたテレビアニメを制作して、いずれも人気作となった。

また、京アニの仕事でもう一つ注目すべきは、「聖地巡礼」ブームを興したことである。テレビアニメ『らき☆すた』（二〇〇七年）は、作中に登場した埼玉県鷲宮《わしみや》町（現久喜《くき》市鷲宮《わしのみや》）の鷲宮神社に大勢のファンが訪れ、新年には初詣客も激増した。こうした、作品の舞台となった現地にファンが訪れることをアニメ聖地巡礼と称する。『らき☆すた』でのファンの動きは自然発生的に生じたものだったが、やがて地元商工会とファンとの協力でイベントが企画され、アニメをきっかけとした地域振興の成功例となった。

アニメの舞台（街並や建築物など）に実在の素材を使うことは古くから行われてきた。しかし『らき☆すた』では、地域コミュニティと連動して、アニメが新たな社会性を獲得したといえる。以後、京アニにとどまらず多くの作品で実在の舞台を使った作品が登場し、なかには鉄道会社や地元企業・商店街などと企画段階から関わりながら制作する作品も現れた。

地方拠点のアニメスタジオ

二〇一九年七月一八日に発生した京都アニメーション放火殺人事件は、三六人にも及ぶ犠牲者を出し、日本の犯罪史上稀にみる凶悪事件となった。事件報道を通じて京アニのアニメスタジオとしての特性が大きく取り上げられたが、その中で、京アニは数少ない地方拠点のアニメスタジオだという点も話題になった。

日本のアニメ制作スタジオの九割以上は東京を中心とした首都圏に存在する。東映動画や虫プロなど、アニメ黎明期から業界を主導したスタジオがあり、そこから分離独立したスタジオも、流動性の高いスタッフの獲得に有利なこと、分業による作業効率の維持や資金獲得の優位性などの理由で、東京に集中した。

一方、関西はアニメ制作スタジオが少ない。京都にスタジオを構えた京アニは、自社で人材を十分に確保し、その人材が容易に流出しないよう、早くから労働環境の充実を図った。他社の下請けを長く続け、自社制作まで二〇年以上をかけたのは、体制整備を重視したからとも考えられる。

京アニは、アニメ制作会社の首都圏脱出のモデルケースであり、現在、数は少ないながらも地方に拠点を置くスタジオの範となっている。

ピーエーワークス（P.A.WORKS）は、二〇〇〇年に富山県城端町《じょうはなまち》（現南砺《なんと》市）で設立、テレビアニメ『true tears』（二〇〇八年）、『花咲くいろは』（二〇一一年）、『サクラクエスト』（二〇一七年）と、富山や金沢など地元を舞台にした、アニメ聖地を生み出す作品を制作している。また、アニメ業界で働く女性を主人公にしたテレビアニメ『SHIROBAKO』（二〇一四〜一五年）では、業界事情を描いてファンの知識欲をかき立てながら、ベテランアニメーターの手描きへのこだわりとデジタル技術とのせめぎ合い、激務の中で何を誰に向けて作るべきなのかといった、もの作りの真髄を問うストーリーで注目された。

ユーフォーテーブル（ufotable）は二〇〇〇年に東京で創業したが、二〇〇九年、徳島市にスタジオを設立した。テレビアニメ『Fate/Zero』（二〇一一年）は代表作の一つとなったが、徳島スタジオ設立の二〇〇九年から、アニメやゲームを中心とした総合イベント「マチ★アソビ」を企画した。徳島市内の商店街や屋外ステージを活用し、物販からコンサートまでさまざまな催しを集めたユニークな内容で、コロナ禍の影響を受ける前の二〇一九年まで、毎年二〜三回開催した。そして、近年手がけたテレビアニメ『鬼滅の刃』（二〇一九年）、長編アニメ『劇場版 鬼滅の刃 無限列車編』（二〇二〇年）の空前のヒットで、揺るぎない存在感を得た。

グローバリズム

二〇〇六年頃にかけての第三次アニメブーム期は、世界的な3DCGの広がりに対して日本では2Dデジタル技術が発展したこと、海外でのアニメ人気が話題になりつつ海賊版に悩まされたこと、さらにはインターネットの普及で国内外の情報流通が格段に向上したことなどがあった。

つまりは、制作技術、視聴者獲得、情報流通、どれも世界規模で、グローバリズムを前提としなければならなくなった。これはアニメをより広く、より多くの観客に提供する意味で、積極的に捉えられることではある。しかし日本は、3Dではなく2Dを極めたり、海賊版の横行を問題視するあまりインターネットを海外向けの有力なメディアと認識するまでに時間を要したり、反グローバリズムの方向性が目立った。

繰り返しになるが、日本のアニメは「日本独自」を貫き、反グローバリズムで進んできたからこそ現在の地位を獲得できた側面がある。しかしそれは変革のチャンスを見逃し、弊害をも生んだ。

その結果、animeは日本製とは限らない一つの様式に過ぎなくなり、animeに似せた造形の作品が日本国外で制作されるようになってきた。中国の長編アニメーション『羅小黒戦記《ロシャオヘイセンキ》 ぼくが選ぶ未来』(二〇一九年)は、アニメを真似て作ったものではないが、2Dのキャラクターデザインや人間と自然との共生を模索するストーリーは、知らなければ日本製アニメと感じ取る観客もいるだろう。animeは日本の職人によって創作されるものではあるが、animeの創作法を研究してマニュアル化し、諸外国で類似品の制作が可能になった。

それでもなお日本のアニメは不滅不動だと考えるか、不動ではないもののブランドとしてのアニメを「純正」として堅持するか、まったく新しいパラダイムを編み出すべきなのか。

日本のアニメ界は、グローバリズムに対して何らかの行動を起こさなければならなくなった。

第10章

2016年　揺るぎない長編アニメ大国

『この世界の片隅に』
アジア・太平洋戦争中の広島と呉の人々を描いたアニメ映画。公開当初約60館の上映規模だったが、多くの人々の支持を集め、３年以上のロングラン作品となった。

1 『君の名は。』の衝撃

東日本大震災と『まどマギ』

二〇一一年三月一一日に発生した東日本大震災は、一九九五年の阪神・淡路大震災をはるかにしのぐ被害規模で、国内外に大きな衝撃をもたらした。

テレビ放送はほぼすべて災害報道で占められ、その影響が放送中のテレビアニメにも及んだ。テレビアニメ『魔法少女まどか☆マギカ』(二〇一一年)は、タイトルにあるような魔法少女ものというよりもダークファンタジーの色味が濃く、新たな魔法少女アニメを目指した意欲作である。原作をもたないオリジナルで、予想し難いストーリー展開が注目を集めた。

ところが、震災によって第一一話、第一二話(最終話)の放送が休止され、ストーリーの成り行きを注視していたファンは騒然となった。結局、一ヵ月あまり経って残りは放送されたが、休止期間から放送終了後もさまざまな論考が重なり、その様相は『エヴァ』を思い起こさせた。

制作のシャフト（一九七五年設立）は、京都アニメーションと同じく他社の下請けや共同制作を長く担当しつつ、自社制作へ移行したスタジオである。

その『エヴァ』は、庵野秀明監督による「新劇場版」と称した長編アニメがテレビアニメ版から一〇年以上を経て制作・公開された。第一作『ヱヴァンゲリヲン新劇場版：序』（二〇〇七年）と『ヱヴァンゲリヲン新劇場版：破』（二〇〇九年）はテレビアニメ版を再構築した内容だったが、震災をまたいだ二〇一二年公開の『ヱヴァンゲリヲン新劇場版：Q』は、『：破』のストーリーから一四年後の世界を描くオリジナルである。テレビアニメ版やその再構築の新劇場版第二作までとはまったく違う展開を見せ、庵野による混沌と混迷が渦巻く世界像に観客は戸惑い、かつ喜んだ。

さらに『：Q』公開から九年後、コロナ禍によって制作体制や公開時期に影響が及びつつ、第四作にして完結編とされたのが『シン・エヴァンゲリオン劇場版𝄇』（二〇二一年）である。二つの震災とパンデミックに絡むような『エヴァ』の四半世紀は、偶然でありながら必然とも捉えられる現代性があり、それはアニメ史の中でも稀有な足跡となった。

庵野は新劇場版公開直前の二〇〇六年、それまで属していたガイナックスから独立してカラーというスタジオを立ち上げ、以後ここを拠点に活動している。

劇場アニメの変化

テレビアニメ『進撃の巨人』（二〇一三年）は、緻密な世界の創造とハイレベルのアニメーションとで、深夜アニメの枠を超えた話題を獲得した。制作はプロダクションI．Gから独立（二〇一二年）したウィットスタジオで、近年急成長を遂げているスタジオの一つである。

テレビアニメ『ラブライブ！』（二〇一三年）は、アニメ、漫画、インターネット、映画、ラジオ、CD、ライブパフォーマンスから作品ゆかりの地の聖地化まで、あらゆるメディアを使った動きそのものが、この時期を代表する大衆文化となった。

一方、映画館で公開される劇場アニメは、本来は一本をもって完結するものだが、『エヴァ』新劇場版を挙げるまでもなく、実質的にシリーズ化される例も少なくない。ここでいうシリーズ化とは、『ドラえもん』や『名探偵コナン』の劇場版のようにストーリー完結型で毎年一本制作するのではなく、前後編に分けて公開したり、ストーリーが続きながら連作的に公開されたりするものである。

さらに、二〇一〇年前後から、上映時間が比較的短い長編を映画館で連作上映する例が現れた。ユーフォーテーブル制作の『空《から》の境界』は、原作の小説をアニメ化するにあたって、七巻の原作を巻ごとに一本の長編アニメとして、全七作を制作・公開した。期間は二〇〇七年一二月から〇九年八月にかけて、それぞれ一〜数ヵ月の間隔をあけての公開である。

『宇宙戦艦ヤマト２１９９』は、一九七四年放送版のリメイクだが、テレビ放送に先立って、全二六話のエピソードを七章に分けて劇場で先行上映された。劇場版「第一章」はテレビ放送版の第一話および二話、「第二章」は第三〜六話、といった具合である。

こうした劇場アニメの上映は、いずれも全国で数十館程度の比較的小規模な公開で、従来の劇場公開というよりもイベント上映、もしくはプロモーションという側面が強い。

シネコンの普及と数十億円規模の興行収入を得るアニメのヒット作が続き、映画館でアニメを見るのが特別なことではなくなった。それに、小規模公開であっても熱心なファンがそこに集結し、それが興行収入に反映される。

第三次アニメブームが終息し、テレビアニメの制作本数は低迷した。二〇〇六年の制作タイトル数は二七九タイトルだったが、二〇一〇年には約三割減の二〇〇タイトルとなった。ところが劇場アニメは、年による若干の変動はあるものの、二〇〇〇年以後は増加のトレンドをほぼ堅持して、二〇一五年には八六タイトルまで伸びた。これは、二〇〇〇年（三二タイトル）の三倍近い。その一因には、イベント上映的な劇場アニメが増加し、観客にとっての「映画館でアニメを見る」意味の変化があった。

『君の名は。』

新海誠の長編アニメ『君の名は。』（二〇一六年）は、夏休みが終わろうとする八月末から公開が始まったにもかかわらず、二五〇億円の興行収入に達し、その年のアニメ界の話題を席巻した。

二〇一六年は『君の名は。』のほかに、京都アニメーションの山田尚子《やまだなおこ》監督による聴覚障害の少女を主人公にした長編『映画 聲の形』、そして片渕《かたぶち》須直《すなお》監督による広島原爆投下を中心に戦時下の庶民を描いた長編『この世界の片隅に』が公開された。これらの長編はいずれも高く評価され、二〇一六年は二〇〇六年以来の注目作が集まった年になった。しかし、二〇一六年の長編三本はタイプがまったく異なり、また三本ともテレビアニメを経ていない劇場オリジナルであることを考えれば、アニメ史上稀にみる豊作の年だったといえよう。

『君の名は。』の原作者であり監督の新海誠の知名度は、本作公開前まではアニメファンに限られていた。それまでの彼の劇場公開作品の興行収入も一桁億円である。

だからこそといえるかもしれないが、『君の名は。』公開前から大々的なプロモーションが決行された。新海自身による小説版は映画公開の二ヵ月も前に発売され、公開までに五〇万部を売り上げた。本編の試写会も繰り返し実施した。つまり、本編公開前に大規模なネタバレが公然と行われたのである。

こうしたプロモーションに接した新海ファンがSNSで情報発信し、観客のネットワーク拡大を狙ったと考えられるが、実際にはツイッターでのツイート数は映画公開前よりも公開後に伸び、公開二週目にピークに達したことが、後に確かめられている。

遠く離れて面識のまったくない男女の高校生の心が突然入れ替わるところから始まる『君の

名は。』のストーリーは、むしろオーソドックスである。しかし、コメディ調で始まったストーリーが中途からシリアスに変わるダイナミズムと、オーソドックスな内容をてらいなく描ききったことで、主人公たちと同世代の若い観客たちは深く共感した。

本作によって新海誠は国民的に知られるアニメ監督となり、興行収入二五〇億円は、宮崎駿の『もののけ姫』や『ハウルの動く城』を追い抜いて、当時国内公開映画の最高記録だった『千と千尋の神隠し』に迫った。

宮崎駿の「引退」

その宮崎駿とスタジオジブリは、当時存在感を喪失していた。宮崎駿は新作『風立ちぬ』公開中の二〇一三年九月に長編制作からの「引退」を宣言し、翌二〇一四年八月にはスタジオの制作部門を休止、事実上解散したからである。

ジブリのもう一人の雄・高畑勲は一四年ぶりとなる長編『かぐや姫の物語』を二〇一三年一一月に公開した。前作の『ホーホケキョ　となりの山田くん』を含め、一作ごとに作画法、造形法を追求する高畑の姿勢は宮崎よりも常に革新的だったが、その業績は十分に評価されたとはいえないまま、『かぐや姫』が最後の作品になった。

両雄以外では、宮崎吾朗のほか、ジブリのアニメーターだった米林宏昌《よねばやしひろまさ》（一九七三〜　）が長編『借りぐらしのアリエッティ』（二〇一〇年）、『思い出のマーニー』（二〇一四年）を監督し、ジブリの伝統を継承するかに見えたが、米林は二〇一四年にジブリを離れ、新たにスタジオポノックを設立した。

宮崎駿は「引退」の理由を、五年以上をかけて長編アニメを制作する体力がない、と説明したが、その宣言から約三年後の二〇一六年一一月、宣言を撤回し新作の長編アニメ制作に取り掛かっていることを明らかにした。それが『君の名は。』大ヒットに沸いた直後だったのは偶然であろうが、新作完成の時期は明らかではない。

2 異分野からの越境——自主制作の世界

越境

最近一〇年のアニメ界を表すキーワードの一つが「越境」である。それは、いくつかの意味が含まれる。

まず、商業制作と自主制作、この両者は異分野のものと捉えられてきた。商業制作によるテレビアニメなどは「アニメ」で、国際映画祭に出品されるような自主制作の短編は「アニメーション」だと使い分けられたのも、このためだった。どちらも同じアニメーションだが、これを異なるものとして、商業アニメ、自主アニメ双方の存在感を浮かび上がらせたのである。ところが近年、作家らによる双方の越境によって、両者の使い分けが、あまり意味を成さなくなってきた。

もう一つは、アニメーション、実写映画、ゲーム、VR（バーチャル・リアリティ）といった近接する映像分野の境界線に対する意識の変化である。アニメーションは、コマ撮りによって動かないものを動かし、実写では表現し得ないことを映像化する。この点が、アニメーションのアイデンティティを主張する根拠になってきた。

しかし、デジタル技術の発達によって、コマ（フレーム）単位で映像を操作し、また加工する手法が一般化するにつれて、アニメーションは誰にでも作りやすくなり、コマ撮りの特殊性が低減した。コマ撮りに固執しなくとも非現実性が得られ、作者の意図を積み重ねて映像化していけば、それが「結果として」アニメーションになり得るのである。

前提としてアニメーションを作る立場から、結果としてアニメーションになる、そういう変化によって、異分野とされた映像各領域の作家たちが、軽々と越境しつつ作品を作っているのである。

九〇年代から、広島国際アニメーションフェスティバルで受賞したような自主制作作家らが商業アニメに向かう例はいくつかあったが、自主制作から商業制作への進出を強く印象づけた一人は、やはり新海誠である。

一方、二〇〇〇年代初頭から、全国の美術系大学でアニメーションを教える学科や専門領域の設立が相次いだ。

従来、アニメーション教育を担ってきたのは、主として専門学校だった。ここでは二年間の課程の一年目で基礎技術を学び、二年目はインターンとして実制作に関わる。卒業後、現場の即戦力になるための教育である。

一方、美術教育の一環としてアニメーションを教え、在学が四年と長い大学では、学生らは勉学として制作する機会が多く、また完全に自由意志で制作する時間的余裕もある。このため、在学中に制作した短編アニメが注目され、プロへの足がかりを得る作家が増えた。短編アニメのコンテストも増え、もちろんインターネットも存分に活用されて、作品や作家本人が露出する機会が多くなった。

こうした環境面の変化と、デジタル技術の発達とによってもたらされた映像制作の身近さを享受したのが二〇一〇年代の若手作家である。彼らにとってはアニメーション、実写、ゲーム、VRなどが並列であり、インターネットの動画サイトで過去の古い作品も最新の作品も同時に接する。古今東西、近接領域のさまざまな作品を併置して、作家は自分自身を再定義し、それを自作に活かすのである。

二〇一〇年代以降の作家たち

学生時代に自主制作した短編アニメがネット上で人気を得て、それが多くの映画賞を受賞、卒業後はスタジオコロリド（二〇一一年設立）を拠点に制作を続けている石田祐康《いしだひろやす》（一九八八〜）は、二〇一〇年代の潮流の中にいる典型的な作家の一人である。キャラクター描写法などに自主制作時代と同じ嗜好を残しながら商業制作に移行し、劇場用の短編『陽《ひ》なたのアオシグレ』（二〇一三年）、長編『ペンギン・ハイウェイ』（二〇一八年）などを監督した。

テレビアニメ『けものフレンズ』（二〇一七年）は、動物を擬人化したさまざまなキャラクターによる、自主制作畑ではよく見られた作風だった。それがテレビアニメになり、かつその独特のリズム感が多くのファンを獲得した。作者は「irodori」という三人組の自主制作ユニットで、その代表「たつき」が監督を務めた。irodori は商業制作と自主制作との行き来を続け、そのいずれかに作家性を固定するのではなく、重なった領域にアイデンティティを見出している現代的なユニットである。

役者の演技を実写で撮った映像から引き写して描き、アニメーションにする技法がロトスコープで、アメリカのフライシャー兄弟が開発した。これを効果的に使ったのが、W・ディズニーである。フライシャーもディズニーも、生身の人間に近い動き、つまりはリアリズムを追求するためにロトスコープを使った。

ところが、二〇〇〇年代に入った頃から、リアリズムとは違う考え方でロトスコープを使う作家が国内外で増えてきた。実写を引き写しながら、コマを抜いたり、描線を省略したりする、ディズニー型のロトスコープとも日本型の省略とも違う新しい動きの表現である。劇映画監督

『音楽』©大橋裕之 / ロクンロール・マウンテン / Tip Top

の岩井俊二《いわいしゅんじ》（一九六三～　）による長編アニメ『花とアリス殺人事件』（二〇一五年）は、こうしたロトスコープの在りようを広く一般に知らしめた作品になった。

そしていまやロトスコープは、一時のブームではない。CGと同じくアニメにおける「新しい画材」であり、自主制作と商業制作、実写やゲーム畑のクリエイターによるアニメなど、縦横に越境する制作者にとって重要なツールになった。

特に、自主制作作家にとって最大級の難関といえる長編アニメで、ロトスコープを利用した作品が、やはり国内外から生み出されている。

実写映画から出発し、二本の短編アニメを制作した後に約七年半をかけて長編アニメ『音楽』（二〇一九年）を制作したのが岩井澤健治《いわいさわけんじ》（一九八一～　）である。脚本から作画、美術、編集まで自身で手がけた自主制作による七一分の長編アニメで、作画にはロトスコープが使用されている。伝統的なアニメとは違う空気感が漂う独創性に、むしろアニメファン以外の映像好きな若者が支持した。

ここ十数年の自主制作アニメ界では、こうしたさまざまな越境の中で、異質とされてきた分野、技術、ターゲットなどを交錯させ、新たな作品が生み出されている。

3『この世界の片隅に』——アニメーション・ドキュメンタリーの可能性

二〇一六年に公開された長編アニメの中で、もう一つ大きな成果を獲得したのが『この世界の片隅に』である。原作はこうの史代《ふみよ》の漫画で、広島市と呉《くれ》市を主な舞台に、原爆投下までを中心とした庶民の生活を描いた。公開時は全国で約六〇館、ミニシアター上映の規模としては比較的大きいが、アニメファン向けではない長編を地道に上映していこうという姿勢だった。

しかし本作は静かに、かつ粘り強く話題が拡大・継続して、その期間は実に三年以上、結果的に累計で四〇〇館を超える公開規模となった。

なぜこれほどの結果になったのか、それを理解するために、「アニメーション・ドキュメンタリー」について考えなければならない。

アニメーション・ドキュメンタリー

「オフシアター」というジャンルがある。現在はあまり使われなくなったが、その名のとおり映画館以外の場、たとえば自治体の公共ホールなどを使った非商業映画の上映スタイルをいう。多くの場合、自主制作かそれに近い形で制作され、儲けを前提にしない良質な映画を提供しようとするものである。

このオフシアターを含む小規模公開の作品として、かつて長編アニメがいくつも制作されていた。有名なところでは『はだしのゲン』（真崎守《まさきもり》監督、一九八三年）が挙げられるが、『対馬丸《つしままる》ーさようなら沖縄ー』（小林治《こばやしおさむ》監督、一九八二年）、『伊勢湾台風物語』（神山征二郎《こうやませいじろう》監督、一九八九年）など、史実を題材にした作品が少なくない。太平洋戦争末期、沖縄から疎開先へ向かう児童らを乗せた貨物船「対馬丸」がアメリカ海軍の潜水艦による魚雷攻撃を受けて沈没、八〇〇名近くの児童が犠牲になった事件を題材にした長編アニメ『対馬丸』は、この事件の存在そのものを広く知らしめる役割を果たした。

こうした、歴史上の災害、事件、また戦争などをアニメーションで描く作品を「アニメーション・ドキュメンタリー」と呼び、近年国内外で数多くの重要な作品が制作され、一つのジャンルになっている。

第5章のタツノコプロの項で紹介したテレビアニメ『決断』や、ここで紹介したオフシアター作品なども含めて、日本では太平洋戦争中の出来事を題材にした作品は少なからず制作されてきた。当時はアニメーション・ドキュメンタリーという呼称はなかったが、一つの伝統になっていた。

一方海外では、長編のほか短編でもドキュメンタリー的な作品をよく見かける。一九九〇年代、ベルリンの壁崩壊や東欧政変を受けて、チェコやハンガリーなどで抑圧の時代を描いた短編アニメーションが多数制作されたし、第一次世界大戦一〇〇周年にあたる二〇一四年には、大戦をモチーフにしたアニメーションが増えた。

そして長編では、二〇〇〇年代以降アニメーション・ドキュメンタリーは枚挙にいとまがない。一九七九年のイラン革命を逃れてフランスに住まう女性を主人公にした『ペルセポリス』(M・サトラピ監督、フランス、二〇〇七年)、朝鮮戦争終結後の韓国から二〇万人を超える子どもが養子として国外に移住したが、その一人が自身の半生を描いた『はちみつ色のユン』(ユン、R・ポワロー監督、フランス・ベルギー・韓国・スイス、二〇一二年)など、日本ではアニメの題材になり難い長編がいくつも制作されており、その動きは二〇一〇年代に入ってますます強くなっている。

かつて記録映画と呼ばれたドキュメンタリーは、当然のように実写で制作されてきた。それがなぜ近年アニメーションで制作されるのか。

制作者は、実写では「余計なもの」が映り込んでしまうが、アニメーションであれば必要なものだけを描写し、より印象の強い映像が得られる、と語る。これはまったくアニメーションの本質を言い当てたもので、アニメーションはその誕生時から「省略」のアートであり、どう省略しつつ映画として効果的な内容、表現にするかが問われてきた。

しかし、これまではディズニー長編のように、アニメーションはいかにしてリアリズムを獲得するかが追求され、それは日本の商業アニメでも形を変えて課題になってきた。九〇年代以降の3DCG発達も、大枠ではこの流れの中にある。

これに対して、近年の世界的なアニメーション・ドキュメンタリーのブームは、こうしたアニメーションの歩みに一石を投じ、アニメーションの存在意義を問い直している。その最も象徴的な動きが、ロトスコープの使用法である。

すでに述べたように、実写で撮影された映像を引き写してアニメーションにするロトスコープは、元来実写に近づけるリアリズムの手法として考案され、発展してきた。ディズニーは長編『白雪姫』で、白雪姫や王子らを生身の人間（役者）に演技させて撮影した素材をもとに、アニメーション用の絵に引き写した。

海外のアニメーション・ドキュメンタリーでもしばしばロトスコープが使われている。しかしそこでは、例えば背景を大胆に省略し、色彩を限定し、人物の描線も簡素に描き直されている。実写で映り込む「余計なもの」を消し去り、表現したいものを浮かび上がらせながら、手描きでは忌避される「ノイズ」のような動きを残し、これが見る者に新鮮な印象を与える。

実写で撮られた撮影素材から省略してアニメーションにし、史実が克明に描かれるドキュメンタリーでそれを使えば、現実感を増幅させて史実を映像化できる。それがデジタル技術の恩恵を受け、映像作家らが自由に分野を越境しながら制作できているとすれば、アニメーション・ドキュメンタリーが二〇一〇年代のアニメーションの変革をもたらすのは、自然な流れだった。

こうした趨勢の中で誕生したのが、片渕須直監督の『この世界の片隅に』である。

『この世界の片隅に』

宮崎駿が六エピソードの監督を務めた『名探偵ホームズ』（一九八四〜八五年）というテレビアニメがある。この脚本執筆を、日本大学芸術学部在学中に手がけたところからアニメ界に入った片渕須直（一九六〇〜　）は、スタジオジブリのほか虫プロ、スタジオ4℃、日本アニメーション、マッドハウスなどさまざまなスタジオ作品の演出を手がけながら、長編『アリーテ姫』（二〇〇一年）、『マイマイ新子と千年の魔法』（二〇〇九年）の二作で、長編アニメ監督としての地歩を固めた。

片渕は、観客層を模索しながら長編を作ってきた。日本のアニメは多様性があると言われながら、結局アニメファン向けのSF、ファンタジー、学園ものか、子どもを中心としたファミリー向けか、そのいずれかに偏っている。

これを多少なりとも打破できないかという姿勢が、片渕をアニメーション・ドキュメンタリーに向かわせたのであり、その萌芽は昭和三〇年代の山口県防府《ほうふ》市を舞台にした『マイマイ新子』に見られる。

『この世界』は、広島市江波《えば》で育った主人公の女性が、太平洋戦争の最中に呉市の呉鎮守府に勤める青年のもとに嫁ぎ、広島市の原爆投下直後までの彼女とその周囲の日常を描いた作品である。したがって登場人物は架空であるが、広島市や呉市の当時の景観から風俗、言葉遣い、軍港への戦艦の入港状況に至るまで徹底的に資料を渉猟、また当時を知る関係者らから情報を得るなどして、舞台が再現され描かれた。ただし、キャラクターなど人物の作画は従来型の手描きで、ロトスコープは使っていない。

つまり、『この世界』で実践されたドキュメンタリーは、アニメーションによる省略と併せて、描きたいこと、描くべきことを一つの画面に凝縮し、実写映像よりも密度をむしろ高くして、現代の観客に戦時の実像を伝えようとしたのである。一方で本作には原爆投下の直接の描写はなく、また投下直後の地獄絵図も描かれていない。庶民の風俗とか食生活などを丹念に描き、それが戦局の悪化によって徐々に変化していく様相をアニメならではの省略と凝縮とを使って表現し、リアリティを獲得したのである。

海外のアニメーション・ドキュメンタリーでも、実在の人物を登場させながら史実を描く作品と、架空の人物を使って史実を描く作品とがある。国内作品でいえば、テレビアニメ『決断』は前者、『この世界』は後者になる。

『この世界』の上映館には中高年層の観客が少なからず入り、静かに話題が継続して上映期間が三年にも及んだだけでも驚くべき成果だが、これまで日本で数多く制作されてきた戦争映画との比較や戦争責任の問題にも議論が及んだ。それは戦争加害者と被害者との関係であり、本作に登場した庶民たちの加害者としての戦争責任の描き方をも問うものだった。

少なくとも、一九八八年公開の高畑勲監督による長編アニメ『火垂るの墓』では、爆撃機や艦載機の襲来、焼夷弾の雨、焦土化した街、飢餓地獄など、もはや実写では再現不可能で、アニメならではの描写力だとの賞賛の声はあったが、戦争責任の議論への広がりはなかった。時代の変化もあろうが、二〇一〇年代は、それがアニメーションであることの先入観が取り払われて、作者がまず何をどう描くかが問われるようになったのである。

第四次アニメブームは来るか

制作者らの予測をはるかに超えた『この世界』の成功は、アニメには未開拓の、それも有望な領域が相当に残されている可能性を示唆した。それは、二〇二〇年代以降の日本のアニメの方向性をも照らし出した。

アニメの枠組み、観客や世論の中での位置づけ、制作者に用意されているツールなどが変化する中で、商業アニメ制作者らがその変化にどう対応しているのか。日本のアニメは優れている、日本は揺るぎない長編アニメ大国だというところで止まっていないか。

二〇一六年の三本の長編アニメはそれぞれまったく異なる形で受容され、それらは少なからず制作者らの予測を裏切った。「『君の名は。』のような作品が受ける」のだと考えて類似品が量産され、マーケットが活況を呈するような、旧来のアニメブームの形成過程は、もはや見られないかもしれない。

終章

2020年
リモートの時代

1 「黒船」来航——NETFLIX

新型コロナウイルスのなかのアニメ業界

二〇二〇年春頃から深刻化した新型コロナウイルス感染症の拡大は、国内外の政治、経済、日常生活から文化芸術まで影響を及ぼし、文字通り一〇〇年に一度のパンデミックになった。日本のアニメ界がどうなったかというと、まず感染が最初に広がった中国に仕事を外注しているスタジオが多く、現地での仕事が止まってしまった。このため、国内で放送予定、公開予定だった作品の制作が遅延した。

次に、映画館は密になる空間ということで休業になり、すでに完成している作品の公開が中断、もしくは延期された。

密になるという意味では、スタジオも同じだった。多くのスタッフが集まるアニメ制作スタジオで感染対策をどうすればよいのか、関係者は苦慮した。スタジオによっても事情は異なるが、アニメ界はデジタル制作が中心になっており、在宅によるリモートワークが比較的容易だった。しかし、すべての作業のリモートワークは困難で、作業途上のデータ管理の統一も一朝一夕にはできず、体制整備には時間を要した。

特に難儀だったのが、密閉された音響スタジオでの声優の演技の収録である。しかし、五月末には収録時のガイドラインが策定され、秋にかけて正常化が進んだ。

ネット配信

こうした中でのアニメ公開や視聴で、あらためて注目され、かつ重要な存在となったのがネット配信である。テレビアニメは新作の放送が遅れ、劇場は閉鎖されたのだから、ネットだけが頼りになった。

二〇二〇年秋に公開された長編『劇場版 鬼滅の刃 無限列車編』は空前のヒットになり、翌年にかけて興行収入を約四〇三億円まで積み上げた。約二〇年にわたって国内の全公開映画の興行収入第一位を堅持してきた『千と千尋の神隠し』を追い越したのである。

多くの映画の制作や公開が遅延し、映画館（スクリーン）の空きができて、『鬼滅』はそこに集中的に上映された。シネコンでは複数のスクリーンを同時に使い、タイムテーブル上は朝から夕方まで一〇〜一五分毎の上映スタートになった。

また、同年六月、映画公開に先立ってテレビアニメ版『鬼滅の刃』（竈門《かまど》炭治郎《たんじろう》 立志編）がネット配信された点も見逃せない。前年に全二六話で放送済みのシリーズだが、コロナ禍による巣ごもりで疲れ果てていたユーザーの渇きを癒し、これが劇場版の実質的な宣伝になった。

配信オリジナル作品制作へ

映画版公開前に『鬼滅』テレビアニメ版のネット配信を手がけたのがネットフリックス(Netflix)である。ネットフリックスが日本でサービスを開始したのは二〇一五年九月で、当時すでにフールー(Hulu)、アマゾン・プライム・ビデオなど複数の動画配信サービスが展開していた。

日本は、テレビアニメの本放送と併せてネット配信する事業で、諸外国と比べて完全に後進国だった。日本のテレビ放送は局とスポンサー企業との長年の関係から、テレビ視聴率が少しでも下がる可能性のあるネット配信には後ろ向きだった。同時配信のための設備投資も必要だし、また海賊版の流布に悩まされ、ネットを敬遠してきた歴史もある。

一方、ネットには自主制作作家が自身の作品を公開する術としての役割がある。YouTubeやvimeoなどの動画共有サービスがこれに供されており、無名の作家が資金をほとんどかけずに全世界に向けて作品を公開している。

ネットは、放送済み、公開済みの作品をビデオで視聴する方法に取って代わったものではない。もちろんそうした役割が中心だった時期はあるが、プロフェッショナルからアマチュアまでが等しく全世界の数億人ないし十数億人へ向けて同時に作品を提供できるネット配信が、何かの代替であるはずがない。

　したがって、ネット配信事業者が配信オリジナル作品の制作に入ったのは当然だった。しかも、長編からシリーズ作品まで制作し、これらはネットで独占的に公開されている。さらに、ネットフリックスはオリジナル作品制作のために、既存のアニメ制作スタジオの囲い込みに入っている。

　こうした動きは、日本のアニメが保持してきたポテンシャルを高め、収益増加につなげる側面はあるが、同時に新自由主義的な弱肉強食を招き、ごく少数の勝ち組を作ってしまう可能性をも孕んでいる。

　しかし、アニメ市場全体に占める配信事業の収益は増加の一途をたどっており、ネットフリックスが「黒船」であったとしても、アニメは「本来ならもっと売れて、もっと儲けることができたはず」という理想に追いついていく必要がある。

2　再び、日本のアニメとは何か

　二〇一六年、アニメ史上の重要作となる可能性がある長編アニメ三本が公開された。二〇一〇年に底を打ったテレビアニメ制作本数は上昇トレンドとなって、二〇一六年には年間三六一タイトルまで増加した。アニメ産業の市場規模も、二〇一三年（約一兆四七六二億円）から上昇し、二〇一九年には約二兆五一一二億円に達した。翌二〇二〇年には、劇場版『鬼滅』の大ヒットがあった。

二〇一六年付近を中心として、第四次アニメブームが形成されている可能性はある。しかし、ブームの終焉を確定するまでは判断できない。明らかなのは、アニメがその歴史の中で最も売れ、収益を上げている時期に、我々は生きているということである。

『エヴァ』ビジネスモデルの功罪

欧米で映画の一種としてのアニメーション技術が発明されてからわずか十数年後、日本のアニメ史が始まった。

その後の道筋で、大きな転換点を一つだけ挙げるなら、それはテレビアニメ『鉄腕アトム』である。しかし、日本のアニメにはヤングアダルト向けの作品が多く、これが諸外国のアニメーションと比較して独自性を押し上げたのであって、もう一作、『新世紀エヴァンゲリオン』が挙げられよう。『ヤマト』『ガンダム』はヤングアダルト世代の観客を定着させたが、年少の視聴者も包含していた。劇場用長編やOVAではなく最もポピュラーなテレビアニメにおいて、年少の視聴者を切り離し、ブームを形成して、アニメビジネスの形態を含めて影響を及ぼしたのは『エヴァ』である。

その影響は一九九五年から四半世紀ということになるが、実はこの『エヴァ』以降の四半世紀は、日本のアニメの方向性を根本的に変えるような事象は起きていない。本書で述べてきたように、デジタル制作への移行、インターネットの普及、自主制作出身の作家らの活躍などはあったが、それらは「うねり」のようなものである。

しかも、『エヴァ』以降に定着したビジネスモデルによって、とにかく大量の作品を薄利多売で作り続けていかなければならなくなり、深夜アニメの激増をもたらした。一クール一三話で季節ごとにどんどん差し変わるテレビアニメは、「春アニメ」「夏アニメ」など風物としての呼び名まで定着した。

アニメ界は、もうずいぶん長い期間、高速道路に乗っかっているようなものである。信号機や交差点のない高速道路で走り出せば、路上で止まれなくなる。高速でアクセルを踏んで走り続けるしかない。サービスエリアで小休止や給油はできるが、それはあくまで小休止であって、短時間を経て本線に戻るのが宿命である。

サービスエリアではなくインターチェンジをいったん出て、地図を見直し、気象状況の確認、あるいは目的地の事情の再調査が必要である。アニメがもつ大衆文化としての価値や、そのアニメが今後どこを目指すべきか、たとえば海外へ向けて何をすべきかを考える。

一方、インターチェンジを降りずにそのまま走行するのも、一つの意味ある考え方である。その方向性でこれまでに多くのヒット作が生まれ、またファンの希求に応えてきたからである。

新たな世界を描く作品を求めて

かつて、クールジャパン（Cool Japan）という語が話題になった。これは、日本のアニメ、漫画、ゲーム、ポピュラーミュージック、ファッション、そして工業製品や食文化まで、広く日本の著作物や製品・文化を海外に向けて宣伝する戦略用語として誕生した。二〇一〇年六月、経済産業省に「クール・ジャパン室」が設置されてから、国の施策の中に取り込まれ、メディアを通じて耳にする機会が増えた。

この施策に象徴されるように、日本はアニメを作品それ自体から鑑賞方法まで「日本方式」で海外に広めようとしてきた。日本のアニメには繊細な表現やこだわりが随所にあり、日本オリジナルを重視すること自体が間違っているわけではない。しかし、ぐずぐずしているうちに、海外ではDVDなどパッケージビジネスから配信ビジネスへといち早く変わり、作品供給と視聴の土台も変化した。さらに、海外で日本のアニメそっくりの作品が作られ、それは新しいビジネスモデルで世界中に紹介されるようになった。

しかし、ビジネスの手法を含めて、作品の外側の諸事にばかりに眼を向けるのは避けたい。

ここまで日本のアニメの歴史を振り返ってきて理解できるように、映画、テレビ、ビデオ、インターネットというメディアの増加とテクノロジーの発達がアニメの歴史を動かしてきたのは確かである。しかし最も重要なのは、作品である。『鉄腕アトム』、『宇宙戦艦ヤマト』、『機動戦士ガンダム』、『風の谷のナウシカ』、そして『新世紀エヴァンゲリオン』といった作品の持つ力が時代を画し、動かした。しかも、『ヤマト』と『ガンダム』の本放送は途中で打ち切られた形になり、また『エヴァ』を含めて三作とも再放送で人気を獲得したのは、ビジネスの都合によらず作品の魅力が不動だったからにほかならない。

そうした力を持った作品は、そう頻繁に出現するものではないが、『エヴァ』以降の四半世紀は、やや長すぎる。

『君の名は。』や『鬼滅の刃 無限列車編』は確かに大ヒットし、社会現象をもたらしたが、これはネットを含めた大々的な宣伝戦略や情報拡散が功を奏した面が大きかった。事実、『君の名は。』の余波はすでに感じられず、作品史に与えた影響も判然とせず、数十年後に歴史として語られる頃には、興行収入という数字だけで取り上げられる可能性さえある。

「日本の」アニメの国際的競争力を問う声さえ聞こえるが、だとすれば競争力の大前提は作品である。時代をつくり、新たな世界を描く作品とは何かを追い求め、その出現を待望しつつ、作品を受容するアニメファンも作品を深く掘り下げて理解する役割を有している点を自覚したい。優れた作品が誕生する背景にはファンの存在があり、ファンが歴史づくりの多くを担ってきたのが日本のアニメだからである。

膨大な作品が積み重ねられてきたアニメ一〇〇年史にあっても未開地はまだまだ残されている。

あとがき

本書では日本のアニメ史を書いてきたが、実質的には作品史であり、監督史観が中心であり、付随してスタジオ史を織り交ぜた。アニメーションは動かないものを動かして見せる芸術なので、その動きを作る人＝アニメーターの技量に負うところが大きく、アニメーター史観で歴史を紡ぐ研究者や批評家も多い。

したがって本書は、従来の映画史の立場に近い史観で構成したといえる。それは、監督の仕事にかかる比重が大きい日本のアニメの特性を反映した形にもなった。

一方、アニソンといわれるアニメ主題歌をはじめとする音楽、また声優の仕事にはほとんど触れられなかった。こうしたアニメの「音」に関する研究は近年特に盛んで、アニメ通史の中で語られる機会は、今後本格化すると考えられる。

また、参考となる図版の掲載は相変わらず困難で、本書でも全体のバランスを考慮したため、結果的に図版の点数は減らさざるを得なかった。現在のアニメ制作スタジオなど著作権者は、明確に自社作品の宣伝意図が反映できるメディアでないと、容易に図版掲載を許さない場合が少なくないのは残念である。各著作権者が協力し、文芸・学術的な出版物であれば自由に使える図版類をアーカイブするような仕組みができないものだろうか。

ところで、今回本書を中公新書から出版させていただいたことに、筆者は感慨にひたっている。

というのも、筆者は鉄道ファンでもあり、いまでも時間があれば鈍行列車に乗って駅弁など食べながら車窓を楽しんでいるが、中学生の頃から『時刻表2万キロ』『最長片道切符の旅』などで知られる鉄道紀行作家・宮《みや》脇《わき》俊《しゅん》三《ぞう》氏の著作のほとんどを読み続けてきた。特に氏の『時刻表昭和史』（角川書店、一九八〇年）は、ずっと理科系だった筆者が歴史に興味をもつ大きなきっかけになり、いまは文筆業の末席に座る筆者にとって、氏は常に精神的な支柱だった。

その宮脇氏が作家としてデビューするまでの二十数年を過ごしたのが中央公論社であり、中公新書を創刊（一九六二年一一月）したのが宮脇氏である。「中央公論社でやった仕事で、これと思うのを一つだけあげろといわれれば、「中公新書」の創刊でしょうね」と氏が回想するほどのレーベルで、アニメ史をテーマに書かせていただくことになった。

もっとも、発端は筆者自身である。二〇二〇年春、コロナ禍でご多分にもれず仕事が減り、将来がおぼつかなくなった中で、一〇年以上前に一度だけ仕事をいただいた人物が、中公新書編集部に勤務していることを思い出した。

その彼に私の企画書を受け取っていただいて、二五〇〇点以上のタイトルを重ねてきた中公新書で、初めてアニメを主題にした本書が成立することになった。

嬉々として取り組み始めたが、膨大なアニメ一〇〇年史から筆者の史観で執筆するのはやはり難しく、特に「歴史」になりきれていない最近二〇年間の扱いは塗炭の苦しみといってもよかった。

それでもここにあとがきを書く段階までたどり着けたのは、好きなアニメとその歴史について書けたからである。

稚拙な企画を通していただき、脱稿まで粘り強く待っていただいた彼＝現「中央公論」編集部の上林達也氏と、本書の編集を担当いただいた中公新書編集部の吉田亮子氏のお二人には、この場をお借りして深謝したい。吉田氏には、さきほど塗炭の苦しみなどと書いた最近二〇年間を扱った原稿に対して、特に有益なご助言をいただいた。

企画から出版まで約二年に及んだため、この間、日本のアニメ史を作ってきた重鎮の何人かが鬼籍に入った。筆者にとっては、虫プロ創立に関わり、『鉄腕アトム』をはじめとする数多くの重要な作品に関わったアニメ監督・山本暎一氏が二〇二一年九月七日に他界されたことが大きかった。

筆者は生前の山本氏に二度お会いし、貴重なお話を伺った。歴史研究をやっていると、関係する方々の突然の訃報に接して、「もっと訊いておけばよかった」と思うことは少なからずあるが、虫プロ創立前後の事情にはいまも謎が多い。創立前から手塚治虫と意見を交わし、第一作以来仕事をなさっていた山本氏の回想には、ひときわ大きな意味と価値があった。謹んで山本暎一監督のご冥福をお祈りしたい。

そして、宮脇俊三氏が亡くなられて、今年で一九年になる。この間の日本の鉄道の変貌ぶり、とりわけ東日本大震災で壊滅的な被害を受けた三陸《さんりく》地域の鉄道の復興を、氏は彼《か》の地からどう見ておられるだろうか。

氏は自著の中で「映画はほとんど見ない」と書いておられたので、アニメなどまるで興味はないだろうが、氏の著作に出会ったからこそ、現在の私がある。あらためて宮脇俊三氏を偲び、本書を献じたいと思う。

令和四年三月二日

津堅信之

主要参考文献

本文中に引用文献として示したもの以外で、参考とした主要な文献を次に掲げる。

アニメージュ編集部（編）『TVアニメ25年史』徳間書店、一九八八年
アニメージュ編集部（編）『劇場アニメ70年史』徳間書店、一九八九年
WEBアニメスタイル「TVアニメ50年史のための情報整理」
http://animestyle.jp/special/tv-anime50th/、二〇一二〜一三年
『株式会社カラー10周年記念冊子』カラー、二〇一六年
『キネマ旬報ベスト・テン80回全史』キネマ旬報社、二〇〇七年
草薙聡志『アメリカで日本のアニメは、どう見られてきたか？』徳間書店、二〇〇三年
興行通信社「歴代興収ベスト100」http://www.kogyotsushin.com/archives/alltime/
二〇二二年一月三〇日現在
幸森軍也『ゼロの肖像』講談社、二〇一二年
50周年実行委員会／50周年事務局50周年史編纂チーム（編纂）『東映アニメーション50年史』東映アニメーション、二〇〇六年
佐野明子、堀ひかり（編著）『戦争と日本アニメ『桃太郎 海の神兵』は何だったのか』青弓社、二〇二二年
「草月アートセンターの記録」刊行委員会（編）『輝け60年代 草月アートセンターの全記録』フィルムアート社、二〇〇二年

東映動画（編）『魔女っ子大全集〈東映動画篇〉』バンダイ、一九九三年
東京ムービー新社（監修）『東京ムービーアニメ大図鑑』竹書房、一九八六年
サンライズ企画室・樹想社（編）『サンライズ全作品集成』Ⅰ・Ⅱ、サンライズ、二〇〇七年
富野由悠季『富野由悠季全仕事　1964－1999』キネマ旬報社、一九九九年
「富野由悠季の世界」展図録　キネマ旬報社、二〇一九年
豊田有恒『「宇宙戦艦ヤマト」の真実――いかに誕生し、進化したか』祥伝社、二〇一七年
永田大輔・松永伸太朗（共編）『アニメの社会学――アニメファンとアニメ制作者たちの文化産業論』ナカニシヤ出版、二〇二〇年
西村智弘『日本のアニメーションはいかにして成立したのか』森話社、二〇一八年
日本動画協会『アニメ産業レポート』日本動画協会、二〇〇九～二〇二一年
萩原由加里『政岡憲三とその時代』青弓社、二〇一五年
「B‐CLUB」第一三八号「OVA大研究」バンダイ、一九九七年
原口正宏・長尾けんじ・赤星政尚『タツノコプロインサイダーズ』講談社、二〇〇二年
「美術手帖」二〇二〇年二月号「アニメーションの創造力」美術出版社、二〇二〇年
藤津亮太「藤津亮太のテレビとアニメの時代」https://www.animeanime.biz/archives/3657、二〇〇八～一一年
藤津亮太『アニメと戦争』日本評論社、二〇二一年
三沢典丈『アニメ大国の神様たち――時代を築いたアニメ人　インタビューズ』イースト・プレス、二〇二一年
山口且訓・渡辺泰『日本アニメーション映画史』有文社、一九七七年
渡辺泰・松本夏樹・Frederick S Litten『にっぽんアニメ創生記』集英社、二〇二〇年

や 行

ま 行

な　行

は　行

た　行

さ 行

か行

索　引

欧字や歴史的仮名づかいが含まれるが、
すべて音韻にそくして並べている。

あ　行

津堅信之（つがた・のぶゆき）

1968年兵庫県生まれ．近畿大学農学部卒業．アニメーション研究家．日本大学藝術学部映画学科講師．専門はアニメーション史．近年は映画史，大衆文化など，アニメーションを広い領域で研究する．

著書『日本のアニメは何がすごいのか』（祥伝社新書）
『ディズニーを目指した男 大川博』（日本評論社）
『新版 アニメーション学入門』（平凡社新書）
『新海誠の世界を旅する』（平凡社新書）
ほか

日本《にほん》アニメ史《し》
中公新書 *2694*

2022年４月25日発行

著　者　津堅信之
発行者　松田陽三

本文印刷　暁印刷
カバー印刷　大熊整美堂
製　本　小泉製本

発行所　中央公論新社
〒100-8152
東京都千代田区大手町1-7-1
電話　販売 03-5299-1730
　　　編集 03-5299-1830
URL https://www.chuko.co.jp/

Published by CHUOKORON-SHINSHA, INC.
Printed in Japan　ISBN978-4-12-102694-1 C1274

中公新書刊行のことば

いまからちょうど五世紀まえ、グーテンベルクが近代印刷術を発明したとき、書物の大量生産は潜在的可能性を獲得し、いまからちょうど一世紀まえ、世界のおもな文明国で義務教育制度が採用されたとき、書物の大量需要の潜在性が形成された。この二つの潜在性がはげしく現実化したのが現代である。

いまや、書物によって視野を拡大し、変りゆく世界に豊かに対応しようとする強い要求を私たちは抑えることができない。この要求にこたえる義務を、今日の書物は背負っている。だが、その義務は、たんに専門的知識の通俗化をはかることによって果たされるものでもなく、通俗的好奇心にうったえて、いたずらに発行部数の巨大さを誇ることによって果たされるものでもない。現代を真摯に生きようとする読者に、真に知るに価いする知識だけを選びだして提供すること、これが中公新書の最大の目標である。

私たちは、知識として錯覚しているものによってしばしば動かされ、裏切られる。私たちは、作為によってあたえられた知識のうえに生きることがあまりに多く、ゆるぎない事実を通して思索することがあまりにすくない。中公新書が、その一貫した特色として自らに課すものは、この事実のみの持つ無条件の説得力を発揮させることである。現代にあらたな意味を投げかけるべく待機している過去の歴史的事実もまた、中公新書によって数多く発掘されるであろう。

中公新書は、現代を自らの眼で見つめようとする、逞しい知的な読者の活力となることを欲している。

一九六二年一一月

中公新書

言語・文学・エッセイ

j 1

433 日本語の個性（改版） 外山滋比古
533 日本の方言地図 徳川宗賢編
2493 日本語を翻訳するということ 牧野成一
500 漢字百話 白川 静
2213 漢字再入門 阿辻哲次
1755 部首のはなし 阿辻哲次
2534 漢字の字形 落合淳思
2430 謎の漢字 笹原宏之
2363 外国語を学ぶための言語学の考え方 黒田龍之助
1880 近くて遠い中国語 阿辻哲次
1833 ラテン語の世界 小林 標
1971 英語の歴史 寺澤 盾
2407 英単語の世界 寺澤 盾
1533 英語達人列伝 斎藤兆史
1701 英語達人塾 斎藤兆史

2165 英文法の魅力 里中哲彦
2628 英文法再入門 澤井康佑
2684 中学英語「再」入門 澤井康佑
2637 英語の読み方 北村一真
1448 「超」フランス語入門 西永良成
352 日本の名作 小田切進
2556 日本近代文学入門 堀 啓子
2609 現代日本を読む―ノンフィクションの名作・問題作 武田 徹
563 幼い子の文学 瀬田貞二
2156 源氏物語の結婚 工藤重矩
2585 徒然草 川平敏文
1798 ギリシア神話 西村賀子
2382 シェイクスピア 河合祥一郎
2242 オスカー・ワイルド 宮﨑かすみ
275 マザー・グースの唄 平野敬一
2404 ラテンアメリカ文学入門 寺尾隆吉
1790 批評理論入門 廣野由美子

2641 小説読解入門 廣野由美子